警察の根本問題

松井　茂著

昭和十二年五版

警察の根本問題

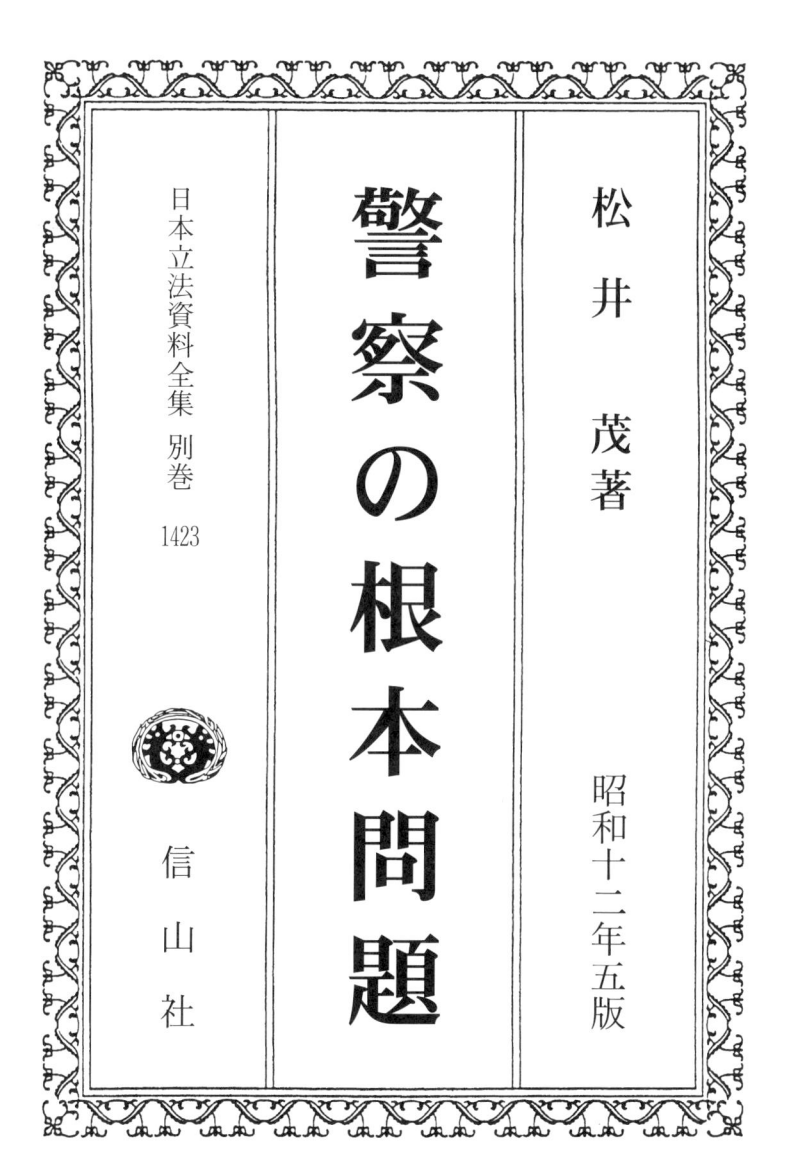

日本立法資料全集　別巻
1423

信山社

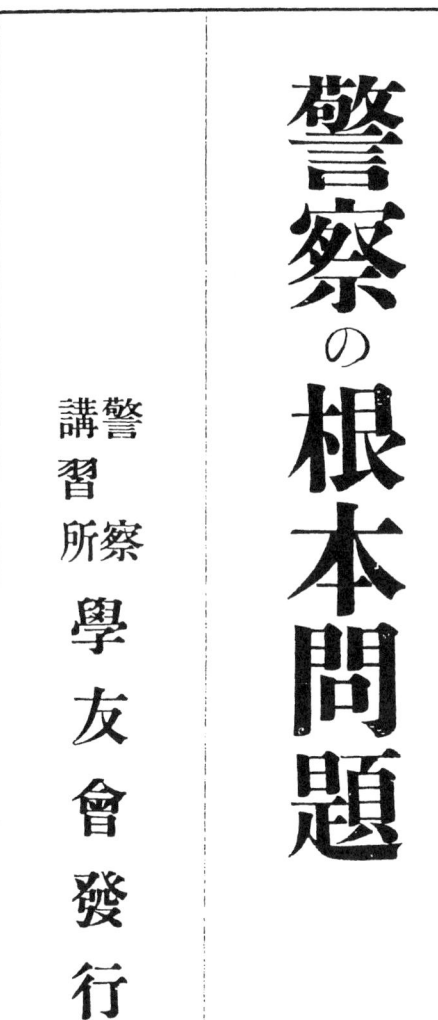

法學博士 松井 茂著

警察の根本問題

警察講習所 學友會發行

第三版に對する序

曩に本書の第一版を公にするや、日ならずして茲に第三版を見るに至りたるは、余の頗る欣幸とする所である、而して本書の任務及目的は、第一版に於けると同一にして、警察改造の急務なる今日、之が根本義を論究する事は、極めて緊要の事に屬する、偶々第一版は中央警察教育機關の存否が、行政整理の問題となれる時に發表されたのであるが、茲に其の後該教育機關は存置さるる事とはなつたが、國家百年の大計としては、決して之に安んずる事なく、寧ろ將來に期待するのが本書の目的である、願くは一日も速に本著所論の趣旨の實現せんことを、國家の爲衷心より希望して已まざる次第である。

大正十四年三月二十一日春季皇靈祭の日に於て

法學博士　松　井　茂

自序

警察改善の事、豈言ひ易からんや、余身を我邦警察界に投じてより、爰に三十年、其の間國家の消長は幾變遷、而して亦此の間に於ける警察の盛衰が、國家の休戚に至大の關係を及したる事は、爰に多言を要せざる所である。況んや普選問題の絶叫せられ、殊に大震災の際に於ける自警思想の缺陷を想起せしむるの今日、之を外にしては、國民は速に自警思想の振興に覺醒せねばならぬ、又之を内にしては國際警察の發達せる今日、警察官は常に時世に適應すべく、警察知識の向上發展を期せねばならぬ。

而して國民に警察の眞相を諒解せしむるの問題は、國民警察教育や、安全教育の問題であらねばならぬ。又警察官の實力養成の問題は、警察官が終始實務の傍、自ら智徳を修養するの必要なるは勿論、更に警察教育機關を盛にし、常に警察界の士氣を充實振興すべく努むべきである。

余のこゝに學友會の需に應じ、警察の根本問題と題せる著書を公にせんとするの微意も、畢竟之に依り聊か警察の眞相を社會に表白し、相共に國家百年の大計たる警察改善策を攻究せんとするの趣旨に外ならぬ所である。

若し夫れ行政改善問題の論究されつゝあるの今日、鄙見に對し、識者の共鳴を得んか、是れ實に著者、望外の幸なるのみならず、又國家の大慶である。

大正十三年九月

於大井町僑居

松井茂識

警察の根本問題目次

警察の根本問題目次終

警察の根本問題

法學博士　松井　茂

第一章　警察敎育の急務

警察の改善方法は種々あるが、其の根本問題は警察官の敎養で、殊に我國情としては、之が最も急務である。

歐洲大戰後敎育のことは、英獨等でも一般に中央集權的組織の必要を感受し來り、北米合衆國でも建國以來各州の自治權尊重の結果、敎育行政は各州の權能に屬して居るのであるが、最近の思潮は中央政府に文部省を置き、各州の敎育を統一せんとするの說を唱ふる者も尠くない。又戰後一般に敎育に對する社會の理解が大に進步して來たのは、畢竟歐洲戰爭は國民全體の爲めなりしが故で、從つて又民衆の勢力の偉大なることが認識せらるるに至つた結果であつて、勞働者及び婦人の力も自然に尊重せらるることとなり、現に米國の如きは中央政府に勞働省を設け、勞働敎育のことも重要視せらるることとなつたのである。又英國でも勞働敎育が盛となり十數年前より勞働者敎育協會なるものが起つて各大學と聯絡を取り、共同して敎育を施し且つケンブリッヂ大學にては、勞働者の指導者を養成する爲めに、各州勞働組合中の秀才を敎育して居るのである。

斯の如くにして勞働大學は最近數年來先づ英國に起り、米國にも亦起りつつあつて、レーバーカレーヂや、レーバーユニバシチーの如き名を附けて居るのである。

又近時獨逸に於ては勞働者又は一般民衆の爲めに、程度の高き文化敎育例へばカントの哲學の如き、ゲーテの藝術の如きことにさへ着目し來つたのである。而して敎育方針が、斯く内面的生活方面に重きを置くの結果は、自然に倫理的思想が敎育界にも入り來ることとなり、國家も個人の如くに倫理的であらねばならぬので、公民敎育の必要も亦之に伴ふて益々發展し來つたのである。

又一歩進んで國際道德心のことさへも、盛んに唱道せらるることとなつて、現に獨逸の新憲法中には、如何なる教育を行ふにも必ず他の民族との協調が必要であることが唱道され卽所謂國際心の緊要なることが規定されて居るのである。而して今や國際聯盟の結果、國際警察の思想の勃興しつつあるのも、時代の要求に外ならないのである。

我邦の警察教育も、之を前述の樣な一般教育の趨勢上から論ずると、將來は一層中央集權的に全國の警察教育の監督を嚴密にし、之が統一を期することが、最も必要である。殊に我邦の警察組織は、由來其の性質が統一的なる故、之が實行は頗る容易である。現に獨逸プロイスに於ても、時勢に鑑みる所あり、曩に內務省中に警察教育課を設けたのである。

要するに民衆全體の智識が、益々向上進步し來り、殊に民衆中其の大多數を占め居る勞働階級の者が、既に率先して高等教育を受けつつあるの今日では、之に直接接觸すべき警察官が、亦之に相當する教育を受くるの急務なることは言ふまでもない。卽ち勞働者等が眞善美の文化教育の方面に着目し來れるの結果は、警察教育界でも之が影響を受くべきは勿論で、現に獨逸の如きはゲーテ、シルレルの如き文豪の著書を讀ましむべく努めて居るのである。斯くて近時獨逸の警察教育は非常に具體化し來り、又米國カリフォルニャ州バークレー市の警察教育の如きも、科學的に進步し來り、頗る世界の視線を惹きつつある次第である。

殊に最近警察官は、一面に於て教育家たれとの希望さへ高唱されつつあるのは、最も注意すべき思潮と言はねばならぬ。卽千九百二十二年米國桑港に開催の國際警察協會會議の席上に於て不良少年の教育感化の問題に關し、刑事警察官は一面刑罰機關の最も權威ある執行者たると同時に、他面社會の教化力となり、刑事教育家たるべき信念を有してこそ、こゝに始めて少年の改善も實行し得らるるものであると決議したのである。其の意味は不良少年の犯罪行爲に對しては、必要に應じ一層嚴重に警察力を注ぐの必要があると同時に、又一面に於ては再び犯罪を爲さしめぬ樣に、能く之を指導教育する事が將來の警察官の任務として最も必要であると云ふのである。蓋し兒童の心身の怠慢が犯罪の主因を爲す以上は、就學兒童に對する此等の研究が、犯罪豫防上至大の關係を有するは勿論である。殊に近年不良兒の年齡が頗る低下し來つて、益々不正行爲を逞ふするに至つたのである、是れ畢竟教育制度に基く缺陷の然らしむる所て、警察官は將來益々市民の教育殊に兩親の兒童に對する態度に關する教育問題は勿論、少年其の者に對する感化教養に關し、甚大の注意を拂はねばならぬ。斯くてこそ始めて一般公衆も少年罪惡の眞相に通じ得べく、ここに於て又能く犯罪を未發に防ぎ得る次第である。而して不良兒の眞相を知悉するは、其の性質上警察官に如くものは無いから、警察官が果して其の實驗せる活資料に依り、能く民衆を諒解せしめ得んか、其の少年感化上效果の莫大なる事は想像するに難くないのである。併し此の意味を以て直に警察官が犯罪人を處罰する考を抛棄せる者と誤解してはならぬ、又既に犯罪生活に入りたる改悛の狀なき不良兒に對して迄も、寛大なる態度を採るべきものと解してはならぬ、否寧ろ其の反對に其の處罰すべき必要ある場合には、現在よりも一層嚴重に刑罰を科するの必要がある。但し此の場合には犯罪人を病者として處遇し、且つ其の既に慢性病に罹りたる者とも稱すべき常習犯人に對しては之を治療する上に於て殊に周到なる力を致さねばならぬ。而して既往の累犯者等に對しては、或は之が匡正は到底困難なりとするも、次に來るべき時代に屬する少年に對し試に前述の如き新なる適當なる訓練及敎育を施し得るものとせんか、一面には又醫學の力を應用する等の事に依り、從來に比し大に不良兒の數を減少し得べく、從つて又大に之が面目を改むるに至らんかと察せらるるのである。然るに若しも從來の如く、漫然此の儘に經過せんか、不良兒の減少は百年河淸を待つの類である。

我邦の警察官は、明治の初年にあつては多くは之を武士階級から採用して來た爲めに、其の思想も頗る堅實で且つ一般民衆よりも智識の程度が高く、又當時は未だ帝國議會を初め自治制度も布かれなかつたが爲め、人權發達の程度も低かつたから、當時は別段警察官に特別の敎養を施さなくても、敢て格別の不便を來さなかつたのであるが、爾來國民の敎育は益々普及し、人權は勿論國際的思想も向上し來つた今日、直接民衆に接する警察官の敎養の最も急務なるは智者を俟たずして明かである。

若し夫れ警察改善の方法は、警察組織は勿論、設備の完成等忽諸に附すべからざることの多々あるのは言ふ迄もないが、併し此等の事は畢竟警察改善の手段に屬し、未だ警察其のものの根本問題に觸れないのである。然れば其の所謂根本義とは何であるかと云ふに警察官は、其の性質上國民に對し個人的接觸をなすの結果、換言すれば警察の活動は警察官廳の人々が衆合的に一團となりて働くことよりも寧ろ個々の警察官が各別に直接に民衆に接し、活動的に社會奉仕を行ふことが多いので、結局警察事務は此等各個の警察官の活動を主とすべきものである。然れば警察事務の質の善惡と云ふ事は、其の警察全體を形成する各警察官の、注意力や勇氣や常識等の如何に依りて定まるものである、而して警察の組織や機關の働きを完全にする事は、格別困難でないとするも、之に從事する各警察官の頭腦を聰明にし、警察智識を完備せしめ、殊に公共的義勇精神を涵養せしむる事は、組織や設備の問題と異り、實に警察官の敎養や訓練が能く行き屆き、且つ其の社會的意義が十分に分明徹底することに於て、初めて警察に於ける眞の成效が期し得られるのである。要するに警察能率の發揮上、警察敎育が今日の時勢に於て愈々急務なる事は何れの點より見るも一點の疑なき次第である。

第二章　警察敎育の意義

第一節　警察教育の概念

警察教育とは廣義の意味では一般國民に對し、警察上の智識を注入することをも包含するもので、國民が能く警察のことを諒解し、英國民の如くに平素から自警思想が徹底してこそ、我邦の警察も初めて根本的に改善せらるる次第である。殊に此の事は國民と警察との接觸問題として、我邦現時の趨勢上最も緊要のことに屬するのである。曩に露國の舊王朝の滅亡したる所以も、畢竟國民と警察との間に大なる溝渠のあつた事も、其の一大原因だと察せらるるのである。素より我邦の如き皇室中心主義の國柄は、露國とは大に國情を異にはするが、然れども尚十分に此等の點に付ては、警察官は勿論國民に於ても平素能く警察の改善に注意し、萬一にも露國の覆轍を踐むが如き事のない樣に氣を付けねばならぬ。國民警察の振興の急務なることは斯樣の次第で、且つ大正十二年九月の帝都大震災の跡に徴するも自警團問題を初めとし、國民の自警思想の幼稚なりし事は明かに證明されて居るのである。國民の一日も速に警察的に自覺せざるべからざる事の急務なるは、今更言を俟たざる次第である。

警察敎育は又之を警察官の方面より論ずるときは、種々の意味を含んて居る、卽廣義の警察官敎育とは、就職中の警察官に對し執務の傍ら訓練敎育することてあつて、警察官の素質を向上せしむる上に於て最も緊要なる事は言ふ迄もないが、之が爲には指導監督の任に在る者が大に注意を拂はねばならぬ。而して其の精神は恰かも陸海軍に於て、平素隊中に於ける敎育に注意を拂ひ居るのと同樣てある。

又警察官の敎育は之を狹義に解するときは、初任警察官に對する敎養と、既に警察官となりたる者に對する敎養との二種類を含むのである。又其の既に警察官となりたる者の敎養も、之を別ちて地方的に廳府縣に於て之を敎養するものと、中央に於て國家的敎育機關を設け、全國的に敎養するものとの二種類がある。

又警察官吏の敎養は之を別ちて、監督者に對する敎養及被監督者に對する敎養の二種類に別つこともも出來得るのである。其の他特殊の科目を限り敎養を施すことも出來る、例へは刑事敎育、外事警察敎育、消防敎育等の類である。而して警察敎育は其の國民に對すると警察官に對すると、何れの種類たるを問はず一般敎育の一部である以上は、ここに先づ敎育の何ものたるかを一言し置く事も、敢て無益ではない。

第二節　警察敎育の目的

廣く敎育の意義を一言にして言ふなれば、全體人間は生來人間としての能力を具備して居るが、其の未だ成人とならざる乳兒時代には、本能とか衝動とかが盛に活動するのである。初任の警察官も本來警察官たる能力を有するもの故、其の警察官となりたる後に於ては自然に其の能力を發揮し得るものである。然らば能く初任警察官を育成して有爲なる警察官たらしめることが警察官敎育の大眼目で、是れ恰も鳥が羽翼て卵を温め、之を孵化すると同樣である。而して元來敎育の力は情的のもので愛の發露であらねばならぬ以上は、警察敎育者と被敎育者との關係は家庭的溫情主義に依らねばならぬことは言ふ迄もない。

全體今や各個人は社會的に目覺めて來て居るから、現時敎育の方針も其の何れの方面たるに論なく、苟くも敎育者たる者は、社會を通して個人を敎へ個人を通して社會を敎ふるの方針に出でねばならぬ。此の意味に於て警察官敎育は、警察的能力を發揮せしむべく、警察官各自が自然に內面的に具有し居る警察精神を誘發すべく努め、敎育者に於て之に力を添へ、自然に警察官の自律心を惹起せしむべく努むることを以て、目的とするのである。

警察官敎育の精神は、今日の時代に相應する樣に、警察官の自律心を喚起せしむるを以て目的とする以上は、警察敎育者は必ずしも徒らに自己の信念と形體とに一致せしむることを要せない、要は各人をして、自ら工風して警察的に自覺せしむべく努むべきものである。然るに往々之が眞意義を誤解し、自由勝手主義の弊に陷り、甚しきは口を自律に藉りて監督の寬大を望む等の事がある、尙甚しきは法制上現行法としては敎育の規定自から定り居るにも拘らず、之を無視して徒らに享樂主義に耽るが如き大に戒めねばならぬ。殊に警察敎育の如き規律訓練を主とする者にありては、斷じて根本義を誤つてはならぬ。或縣に於ては餘りに不干涉主義を採りたる結果、再び舊轍に復した奇談がある、故に自律の眞意義は能く之を消化する事が最も必要である。

所謂自律とは自己を創造して進むることである以上は、國民に警察の思想を注入する事は畢竟國民各自をして自然に國家の警察權に服從せしむると同時に又一面に於ては公德的方面から自衞的に自ら立つことを得せしむるの趣旨で、卽國民皆警察の立場に至らしむるの意である。

而して所謂自律とは、他人の力を藉らずに自己を造り上げることが根本義であるが、併し學識と經驗なきものが徒らに大言壯語して、單に貧弱なる自己のみの材料を以てしては、事實上自律することは頗る困難である。ここに於て各人は過去の經驗と材料とを基礎とし、之を參考として新に自己を創造する所に、自己も自然に社會と共に進步し得るのである。國民と警察との關係も之と同樣で、國民は警察官生活の實狀を參考とし、自治的に公德上の方面から災害豫防の思想を自覺することが、最も急務であらねばならぬ。

右の趣旨に依り、今や、發動的敎育方針の時代と變遷して來たのである、換言すれば敎育の目的は、自己自習の材料としてである。之に反し昔時の敎育方針は、敎育者は自己を絕對的の標準とし被敎育者をして絕對的に之に盲從せしめたので、卽昔は智と本能とを混同したのである。然るに今や例へば乳兒が自然に或る物を吸ふのは人間本能の結果であると論じ、智の力に依つて敎ゆるのではないと說くのである、換言すれば本能は自然に發達して感情を經驗し來り、其の結果遂に智を自覺し來るのである。卽乳兒の時代には勿論意思も發達して居らぬから、本能時代は意思の原始時代とも稱し得べきである、詳言すれば乳兒が盛に活動して少しも靜止して居らぬのは、衝動的本能の結果で、其の無意識に活動する時代を經過して後初めて自然に飮食を欲するが如き慾望時代に到達し、斯くて衝動本能が基礎となり漸次自然に智の時代に到達するものであると說くのであつて、是れが卽所謂人間の自律作用と云ふのである。敎育の趣旨も敎育者は客で被敎育者を主位に置き、之をして健全に自律せしめるのが其の要義である。

近時府縣に於ても漸次健全なる自衞團が設けられ、各種の職業に從事せる者が之が團員となり、自己の力に依つて自警すべく努めて居る所も少くないが、是れ畢竟國民警察の本義の發露で、喜ぶべき現象と言はねばならぬ。全體外交でも宗敎でも、警察でも、畢竟國民各自が自己の力で國家の原動力を創造せざる以上は、何れの職業でも到底健全に發達し得るものではない。大正十二年の十一月新に下賜せられた國民精神の作興に關する詔書の御趣旨も、畢竟此の意味に外ならぬ次第である。我邦の警察も國民各自が警察的に自覺し、又警察官其の者が自律的精神に到達せぬ以上は、到底之が改善は期し得らるゝものではない。

而してこゝに特に注意すべき點は、所謂自律とは孤立ではない。況んや人間は其の性質が共同生活を營むべきもので、共同と云ふ事は人間の最も尊重すべき事柄である、殊に我邦の本義は古來和と云ふことに最も重きを置かれて居るのである。然らば自律的の人々が互に相和して社會の共同生活を營み、こゝに初めて健全なる國家も成立する次第である。獨逸のキルシエンスタインか夙に敎育の本義を以て共同心の養成なりと解したのも偶然でない。又余が身を警察界に投じて以來、常に警察界に共同心の緊要なる所以を主張して居るのも全く此の意味に外ならぬのである。要するに自律と共同心とは、互に相俟ちてこゝに妙味があるのである、換言すれば自律心の人々が共同して初めて國家は强大となるのであるが、我儘的で享樂的で不健全なる人々の集團は、兎全的、烏合的の群衆で、何等國家に裨益する所はないのである。

右の意義に基き警察敎育は、各自が活きたる經驗を基礎として、能く警察の眞意義を體驗消化せしめ、活動的の人間となる事を以て、敎育の方針とせねばならぬ。卽人間の此の世に活きんとするのは、全く天性に出づるもので警察官も亦人間である以上は、化石的、器械的、形式的であつてはならぬ、又此の如き警察は眞の警察ではない。全體犯罪人が竊盜や强盜を行ふのも、不良少年が惡行を爲すべく奮闘して居るのも、人間當然の活動本能の結果には相違ないが、只其の活動方法が、變態である、卽單に徒らに活きんとするの意思丈けは各人と同樣であるが、其の惡い活き方が人間として過れるものであるから、之を善良の方面に導く事が、警察官の宜しく努むべき社會奉仕問題である。萬一警察官が、濫りにコラ〳〵主義を唱へる丈けを以て、能事畢れりとするが如きは時代錯誤の甚しきものである、故に將來の警察官は能く人間の本能性を利用し、之を善導する事が最も必要である。況んや犯罪の發生は、犯罪人の不心得にも依ることは勿論であるが、周圍の社會的環境が與りて力があるのであるから、犯罪人や低能兒等に對しては、一層敎育感化の方法を講ずることが急務である。要は彼等をして自律心を起さしめ、自然に善良の人となるべく努力せしむるのが、警察官の天職であらねばならぬ。カントも言へるが如くに、人間の尊い所以は人格性が存在するからである、卽各人は人間其の者として存在する者てある、而して人間が人間として存在するのは、眞善美の生活に入るべく努むる事て、所謂文化生活とは是である、斯くて人間の創造性は此方面に活動するのである

我邦の國家生活も此の意味に於て、君民同治の世界に比類なき我國體を充分に發揮すべく努める事が、偶々以て眞善美の文化生活を向上せしむる所以である。然るに我邦の現狀は文化的生活の方面は頗る不完全で、經濟上にも社會上にも不秩序的なる惡行動の方面が頗る多いのである、例へば道路其の他の設備が不完全なるが故に、交通道德上及び交通警察上の見地より云ふも、左側通行の勵行の如き頗る困難であるが、併し交通道德や交通警察の方面から見て、多少不穩當なりと知りつつも、絕對的に左側通行の勵行を期せねばならぬ樣なものである。

敎育と順應主義との關係は、由來我邦は政治ても敎育ても其の方針に依り社會に順應せしむべく努めたものである、殊に維新後は極力自國の獨立心を無視し、一

時は如何にして世界の大勢に順應せしめんかとのみ狂奔したものである。然るに近時の人生觀は之と異り、人生は創造でなくてはならぬ、從つて又我邦の警察の如きも、今や徒らに歐米に模倣したり順應したりする事を以て能事とするの時代ではない、殊に我邦の如き世界に比類なき完全なる國體を有する國柄にありては、將來我邦の警察を完全に樹立せしむることが時代の要求であらねばならぬ。而して之が爲めには我邦古來の警察の沿革を參考とし、又各國の制度をも對照し、ここに世界に冠たるべき警察を創造せねばならぬ。

要するに我國民は勿論、我邦の警察官は、各其の内省の方法に依り新しき警察生活を創成する事が必要で、結局警察の改造問題は内面の精神問題に歸着するものである。

近時科學思想の發達に伴ひ、人生は戰爭である、人間が自然と戰ふのは畢竟人間の創造力の結果で、航空機や無線電話や潛航艇等は、何れも皆自然を征服したるに外ならぬと說き、從つて又教育も此の點に立脚すべしと唱ふるものも少くないが、此の說は一面の眞理もあるが、併し餘りに科學萬能主義を首唱するものと言はねばならぬ、即是れ果して全體に通ずる眞理なるか否かは問題である。全體人間と自然力との關係が、果して前說の如きものであるか容易に首肯する事は出來ない、卽或程度迄は自然力に抵抗し得る事は出來るが、果して大自然力は人力に劣る程微弱のものであるかは大なる疑問である。故に余は人間が大自然力に順應すべく努むる事は必要であると信ずるが、自然を征服すると云ふが如き說に對しては却つて徒らに人間の驕慢心を生し、寧ろ其の弊害に陷り易いものと信ずる。現に大正十二年末の大震災の被害の如きも、畢竟人間が餘りに自然力を蔑視したことも與つて力ありと信ずるのである、故に余は此の意味に於て、人間の創造力は自然力に順應すべく努力することに於て、之に同意する次第である。

第三節　警察敎育と理性の觀念

全體理性とは正義を本とせる觀念で、古人の所謂渴しても盜泉の水を飮まぬと云ふの類にして、人間の人間たる理想は、善事を行ふべく決して惡事を爲すべきものではない、換言すれば人間の人間たる所以は、其の理性の發達したる點に存する而して兒童の如きは其の未だ理性の發達せざるものである。然れば文明人の理想とする所は畢竟理性の完成にして、此の點に於て我國民は一層修養を加ふるの必要がある、又斯くなれば、決して歐米人に劣るべきものではない。歐米人は物質的方面では、我國人よりも幾分進歩して居るが、精神文明の點では、我は決して一歩も讓るものではない。故に我國人は益々自重して徒らに歐米的の個人主義に偏することなく、我國民性の美點なる和と云ふ事を忘れてはならぬ。

國民精神作興に關する詔書中にも「輓近學術益々開ケ人智日ニ進ム然レトモ浮華放縱ノ習漸ク萠シ輕佻詭激ノ風モ亦生ス今ニ及ヒテ時弊ヲ革メスムハ或ハ前緒ヲ失墜セムコトヲ恐ル」と仰せられてある、實に時弊に中れる御宣言である。我國民は徒らにマルクスや、クロポトキンの個人主義や共產主義を崇拜し、苟くも我國體の所謂義に於ては君臣たり情に於ては父子たりと云へる、世界無比なる君民同治の忠孝一本主義を無視してはならぬのである。余は我國體が古今に通じ且つ中外に悖らざるの理性を有する事に於て、竊に意を强くして居るのである。又我國民の行動の義勇的なる點も、殊に我國民性の歐米に優るべき理性として、末永く保存せんことを欲する次第である。

明治天皇の御製中にも、「事しあれは火にも水にも入らはやと思ふかやかて大和魂」と仰せられてあるが、是れ即我國民は公益上社會の災害を防止する爲めには、自から義勇的に水火をも辭せざるの決心を保持せる事を以て、我國民精神の發露と認めさせ給ふた故てある。畢竟我邦の警察官も能く此の御趣旨を體し、民衆に率先して斯の如き犧牲的精神を發揮してこそ、始めて其の行動が理性に適合する所以てある。

要するに理性は各人を通しての正義の觀念であるから、之に對しては誰人も異議のある筈なく、各人は何れも皆之に共鳴すへきは當然である。故に今ここに一人の模範警察官ありとせんか、其の行動は之れを内にしては警察社會の寶となるべく、之を外にしては國家社會の誇となるべきものである。現に英國ては巡査が國の寶として大に國民から尊重せられて居るのである。曾て余の恩師穗積陳重博士が、米國に開催の萬國博覽會に入場し、英國の出品部を觀覽されたるとき、偶々英國巡査の親切なる態度を以て取締に從事せるを見て、其の昔時博士が英國留學中英國警察官の親切なる態度を追想し、感慨の餘り英國出品部の當局者に向ひ、英國警察官に對する感謝的所感を述べられたるに、當局者も大に喜び、如何にもここに來れる英國警察官は生きたる英國の出品物(リヴィングエキジビション)であるが、今閣下の讃辭を得たるは、實に我邦の光榮で、廣く閣下の意を本國の警察官にも通ずべしと答へたと云ふ事であるが、我邦警察官の理性も、世界に雄飛すべく向上したきものである。

要するに理性は眞善美に立脚して居るので、誰人も眞善美の文化生活を欲せないものはなく、之に共鳴する所以である。蓋し理性は個人を超越して居るから、我邦警察教育の方針も究極は此の理性と云ふことに立脚せざる以上は、到底根本的改善は期し得らるるものではない。然るに我邦の現狀は頗る之と相當の距離のあることはここに斷言を憚らざる所である、殊に高等警察方面の職にある者に對しては、甚大の注意を要求するのである。由來此の方面の者は往々警察其のものの域を脫して、政黨政派と相馴れ、政治と警察とを混同する如きは畢竟警察の理性に反するの最も甚しきもので、往々之れが爲めに高等警察以外の一般警察迄も非常なる不信を購ふ事が少くないのは、實に痛嘆に堪へない次第である。故に將來は高等警察と政治とを混同せざる樣特に留意を要するので、是れ余の宿論であつて、夙に此の説を絶叫して居る所以である。

何事でも理性を基礎としないで、徒らに社會の實際生活に順應しつつある程危險の事はない、殊に注意すべき點は、人間が理性を行ふのは決して其の報酬の爲めてはないから、若しも理性に對し、必ず利益的報酬が伴ふものと考ふる如きは、所謂功利主義者の主張に屬するものである。我邦の警察官は決して斯の如き功利説に傾いてはならぬ、殊に功利説は我邦の警察官には一大禁物であらねばならぬ。全體我邦の警察官は廉耻の精神に富むの故を以て、夙に世界に名聲を博して居るのである、故に若しも將來外國の如くに道路の指示や車輛の雇入等の際に、報酬手當を受くる樣の事があつては終に功利主義の警察となつて、我邦警察の特色をも破毀するものである。畢竟功利説は實に淺薄なる思想であつて、人間は其れ以上に高尚のものであるのは勿論である、卽理性尊重説は是れである、換言すれば人間は宜しく自律的に自己の行ふべき正道に向ひ、獨立濶歩すべきもので、ここに道德も存し又人間の人間たる價値も存在する所以である。終りに重ねて言ふ我國民精神の基礎たる大理想は、我國體を基礎とせる智仁勇の上に存し、而して所謂智仁勇は大體に於て眞善美の思想とも共通して居る點があり、こゝに國民道德も國民教育も警察精神も存在して居るのである。

第四節　警察教育の行はるべき場所

次に教育上必要なることは教育の行はるべき場所である、卽家庭、學校、社會の三者はそれである、而して家庭に於ては父母、學校に於ては教師、社會に於ては民衆が夫れ夫れ指導の任に當るべきものである。

家庭に警察思想を注入するには、例へば戶口調査等の場合に於ては勿論、父兄會、戶主會、婦人會、靑年會、處女會等を利用して之を行ひ、殊に國民皆警察なりとの觀念を普及せしむる事が緊要である。米國カリフォルニヤ州バークレー市では、警察長のオーガスト・ウォルマー氏が、熱心に種々の機會を利用して市民に警察思想を注入して居るから、七萬の人口を有する都市でありながら、僅に三十三人の巡査を以て完全に取締を行ふて居るが、是れ畢竟市民が皆警察の何物たる事を諒解し、婦女子までも自ら進んで警察官と共に社會の秩序を維持して居るからである、全體公德心の養成は、家庭に於て父兄が先づ以て範を示し、之を兒童に注入する事が第一義であらねばならぬ、次に警察官の方面では殊に其の家庭内の妻子に對し警察の思想を注入し置くの要がある、且つ町村駐在所等に於て、夫たる警察官の不在等の場合には、事實上妻女が之が事務を援助する事となるのであるから、妻女が警察上の智識を有すると否とは、警察の能率發揮上至大の關係を有する次第である。

小學校に在りては、敎師を通じ生徒に警察上の思想を注入する事が必要である。栃木縣では先年大森警察部長在職中特に警察と小學敎育との間に密接の連絡を保ち、互に相提携して公德の養成上に頗る努力したのである。又米國では小學兒童に對し盛に火災豫防及消防の思想を注入して居るので、平素屢々消防練習を行ひ、一旦火災ある場合に於て狼狽せざる樣注意して居るのである。我邦に於ても近年小學兒童に對し、火災豫防思想の注入に努めて居る所も尠くないが、殊に小學校の運動場に於て、消防器具を以て消防上の練習等を行ふが如きは、兒童は心理上活潑なる事を好むものなる點よりして、其の效果を擧ぐる上に於て多大の價値があるのである。

社會は言ふまでもなく多數の人より成るのであるから、民衆と警察との關係は最も密接である、余の曾て明治三十九年頃公衆と警察と題せる小著を世に公にしたのも、又近時國民と警察との關係上から國民の自衛的思想の振興に微力を致さんと努めつつあるのも、畢竟社會民衆が警察的に自覺する事の急務なるを信ずるからである。

第三章　警察權の眞意義

第一節　自由欲求の觀念

近代の民衆は古のそれに比して、著しく自由欲求の觀念が强くなつたから、民衆の權力に對する觀念は、昔日と趣を異にする樣になり、從つて警察の民衆に對する態度は、民衆をして自然に警察に親ましむる樣、之を善導すると共に、必要の場合には最後の手段として、斷然權力を應用し、毅然として勇敢なる行爲に出づべきことは、恰も昔の眞實なる武士と同樣であらねばならぬ、卽決して所謂野武士となりてはならぬのである。

抑々國家の權力は、其の原始時代では武力から發達して來た爲め、從つて昔は警察と軍隊とは自然に混同して居つたものである。是れ畢竟警察や軍隊は、其の性質が權力と離るべからざる關係を有するからである。

而して權力は往々弊害を生じ易いものであるから、警察の權力も濫用の結果は、民衆の壓迫として現はるる事がある、之が爲めに自然主義の尊重者は、往々權力を以て眞正の力に非ずして、力の變態なりと唱へ、之を否認するものがある、卽權力は從來他人を壓倒し支配する事を以て本質とするが故に、此等の權力は畢竟進化したる力に屬せないものと稱して居る。然れ共一般に自由の制限は、兎角逆境に在るものが順境に在る者に對し、反抗心を有するの餘り、此の如き說をなす事も尠くない、殊に一面人智の發達に伴ひ、餘りに個人思想が盛んになつて來た結果は、兎角民衆の警察に對する感情も、昔日と趣を異にし來たので、自然に警察の社會化といふ事も現はれ來た樣な次第である。故に萬一警察官が今尚警察國家時代の遺風を夢み、徒らに驕慢の態度を以て民衆に當るが如き事があつては、却て民衆の反抗心を惹起し易きは勿論、民衆も亦深刻なる怨恨を以て之を迎ふる樣なこととなり、斯くては畢竟百害ありて一利なき事となる次第である。

要するに警察權は、其の濫用の場合には一般の反抗心を買ふのは當然で、既に人間は自己の自由を尊重する事が自然の要求である以上は、特に立憲時代の警察官に在りては、自己の權力を尊重すると同時に、又他人の自由をも大に尊重せねばならぬのは勿論である。

第二節　警察權力の觀念

凡そ力は其の武力たると又金力たるとを問はず、何れも皆利害の之に伴ふべき性質のものである、殊に警察は往々其の權力を濫用する事もあるので、斯くては却つて社會民衆の信を失ふ事となるのは當然である。而して警察は國家の重要なる權力關係である以上は、其の之に權力の伴ふのは自然の數で、警察は其の性質上必要の場合は、千萬人と雖も我往かんとの勇猛心が必要で、警察權は眞に神聖であらねばならぬ、又斯くてこそ初めて警察權の本領を發揮し得る次第である。

全體理想上から言ふときは、權力の主體は個人の自律的人格と一致すべきものて、各人の要求は全然個性の上に其の理想を發揮し得べきものである、故に理想としては適法性は同時に完全に道德性を包含すべきものである、然れども實際生活上此の如き事は空論に屬し、從來の永き人間生活の經驗は、適法性と道德性とが必ずしも一致せぬのである、故に社會の統制は獨り道德の上のみならず、適法性の上にも重きを置く事となりたる所以である。而して警察の權力も亦此の適法性の上に立脚すべきものである。

警察の權力は萬已を得ざる時に於て、始めて其の行使を遂ぐべきもので、其の根本的觀念としては、警察の先決問題は國民の道德や自治の觀念が其の基礎とならねばならぬ。然れば警察の權力は、或意味に於て道德を維持するの手段とも稱し得べきものである。然るに元來社會の秩序は到底獨り道德の力のみを以てしては維持し難きが故に、ここに警察力の必要をも生じ來りたる次第である。而して此等の權力は飽く迄も正義人道を基礎とすべきものであるから、萬一警察官にして權力の濫用を以て得々たるが如き事あるに於ては、遂に其の濫用する者が却つて信を天下に失ふの結果、自ら倒るるに至るのは當然て、所謂驕る平家は久しからずとは此の事てある。故に我邦の警察官も深く此の根本義に鑑み、我邦の警察をして將來世界に冠たらしめんと欲せは、呉れ呉れも能く警察權力の背景には、人間愛の存在する所以を味はねばならぬのてある。

警察の權力の應用の最終の目的は、社會民衆に對し、大なる福利と便益とを與ふることにある、例へば學校の不良生徒が放逸の餘り、學校の規則が自己の横暴を逞ふする上に於て不便なるが爲め、之が改正を主張することありとせんか、斯くては到底秩序を維持する事能はざるべく、從つてここに其の自由を制限すべき規則を制定する事が生徒一般の爲め卽公益上多大の效果を與へ得る次第である。要するに學校當局に規則制定の權力を與へ又執行權をも附與することは、他の一般の善良なる生徒に對し、秩序維持の便益を與へ得るのである。警察の民衆に對する權力の應用も之と同一理て、之あるが爲めに一般民衆も自然に公の秩序が維持せられ、以て平穩に安全生活を營み得る次第てある。

抑々權力は一の力てあるの點に於て、頗る世の誤解を受けて居る、卽元來强制は自律でなく他律である、殊に警察は其の性質上個人の自由を制限するから、民衆に嫌忌せらるるのである。又警察が其の他の行政と異る點は、警察は其の性質上日々發生する幾多の社會的危害を豫防するものであるから、活きたる臨機的措置を行ふ爲めには、自然に警察官の認定に基き處理する事が尠くないのである。而して人情の常として世人は明文の説明には心服するにも拘らず、認定に對しては、兎角非難し易きものである、是れ警察が世人から冷眼視されたり、又誤解さるる所以である。然れば總ての官吏中警察官程、世人から惡評非難等を受くるものはないのである。

警察は正義を維持する爲めの權力である以上は、國家一日も警察なかるべからずである。而して自由尊重者中には、往々權力を否認する者もあるが、然れども國家の存立上苟くも社會の危害を除去する爲めには、其の必要に應じ權力を使用して、臣民の自由を制限する事が、國家なる公生活を營む上に於て最も緊要の事て、ここに警察の職責の存する所以てある。要するに社會の秩序は到底道德の力のみを以てしては、維持する事は出來ない故、拘束力や權力を否認する者の如きは、畢竟一を知りて二を知らざる空論者である。

惟ふに古來義務の伴はざる權力の存在する所以がない。現に伊太利內閣の首相ムッソリニーの如きは、權利の方面よりは寧ろ義務の方面に立脚せよと迄主張して居る程で、權力の存在と之に對する國民の服從義務の兩者の觀念は共に、社會の共存上最も必要の事である。

第三節　警察權と人間愛

警察權の背景には、其の根本義に於て必ず人間愛が伴はねばならぬ。德川家康が曾て十八人の從者と共に、三河の大樹寺に逃れたる時、登譽上人は家康に向ひ、敵に勝つのは何の爲めであるかと尋ねたるに、家康は是れ武士の志なりと答へた、上人は更に何の爲めに敵を打滅すのであるかと詰問したるに、家康は武威を輝かし領土を擴むるが爲めであると答へた、そこで上人の言ふには、富四海に亘り威を振ふて何の用を爲すかと、家康は之に答へて、家の爲め父母の名を成し、名を後世に殘すが爲めであると言ひたるに、上人は大に其の非を詰り、徒らに武勇强盛にして人に勝つとも、結局却つて遂に人の爲めに滅さるべきものである故、寧ろ德を積み以て其の威を增し萬人に臨みてこそこゝに初めて其の繁榮も子孫に及ぶべきもので、畢竟卿の心事は貪慾心より生じ來るものであると面責したるに、家康は大に悟る所があつた。上人は尙言をなして言ふには、武士の作業は菩薩の行に違ふ事なき慈悲の行法である、萬一寬仁大度を以て當るも、民尙慾を逞ふし、若し其の儘になし置くときは、遂に其の亂愈々甚だしき時に當りては、其の內心に藏せる慈悲心は素より深く之を內に藏するも、單に其の言葉のみを以てしては、之を戒めんとするも到底之を能くし難きが故に、此の時こそ斷然劍を振ふて之を處分する事が必要となる次第である、是れ畢竟殺生を以て殺生を咎むるの義で。卽是れ菩薩の修行にして慈悲の行動である、右に降魔の利劍を携へ、左に慈悲忍辱の珠數を持つのも卽此の謂てある云々と。是れより後家康が陣中常に念佛を唱へ、六字の妙號を旗幟となし、能く三百年の德川政府を維持したのも偶然ではない。希臘の法律の女神たるデャスチチアが、公平の判斷を旨として、眼を布にて隱くし、左には權衡を手にして居るのは、公平の秤準を計るの意である、又右の手に劍を持して居るのは正義の觀念にて權力の應用を意味し、必要の場合には一刀兩斷に之を裁決するの義である。
眞正なる警察の權力も亦之と同樣で、苟くも國家の治安維持たる大目的の爲めには、必要に應じ人の自由を制限するのは、全く一般民に對する人間愛の爲めであると同時に、又其の自由を制限せらるべき人の爲めには其の背景に慈悲心が存在し、所謂其の罪を惡みて其の人を惡まず、從つて自由制限の裏には眞の人間愛が存在せねばならぬ、恰も家庭に在りて、慈父が兒女に對し之を叱責するのは、眞の人間愛が之が基礎となつて居るのと同樣である。要するに警察も此の如き雄大無邊の人間愛なる慈悲心に徹底してこそ、始めて眞の警察なりと稱し得べきものである。殊に我邦の警察は此の如き見地の下に立ちたきものである。

抑も人類平等の問題の如きも、其の說明の方法宜しきを得るならば、決して我邦の國體と矛盾すべきものではなく、寧ろ我帝國の大理想とも稱し得べきものである。曩に帝國が平和會議の席上に於て、他國に先んじて人種平等の說を主唱したのも決して偶然てはない。大正九年一月十日の詔勅中にも「國際聯盟ノ基礎爰ニ樹ツ、是レ朕カ衷心實ニ欣幸トスル所（中略）萬國ノ公是ニ從ヒ、世界ノ大經ニ倚リ、國際平和ノ寶ヲ擧ケンコトヲ思ヘ」と仰せられて居る、是れ畢竟するに人間愛の極意である。今日國際警察の振興するに至れる所以も、窮極する所は世界人類に對する人間愛が基礎となつて居る次第である。

大正の警察が、萬一偏狹なる愛國心や、固陋なる警察觀念に囚はるる事となつては、到底警察の革新は期し得らるるものではない。全體自己以外に何等の興味を有せない樣な人々には、到底眞正の人間味を味はれ得るものではない。而して警察の保護といふ觀念も、畢竟は人間愛の事に歸着する以上は、警察の最終目的は仁と云ふ事に歸着するのである。全體我國體は三種の神器に關係を有し、智仁勇の三德一誠に其の根本義を存して居る、是れ余が常に智仁勇の三者を以て警察の三大綱領と稱して居る所以である。要するに仁なる人間愛の最終の目的を果すべく、ここに智を磨き勇をも起す必要がある、然れは警察の本旨も徒らに法規の末にのみ囚はるる事なく、其の根本的信念なる人間愛の事を忘却してはならぬのである。斯くてこそ始めて貧民警察や釋放者保護や動物虐待防止等の問題も徹底的に解決し得らるる所以である。然れは徒らにニラ〳〵主義を以て得意とするが如き警察は、乾燥無味の警察で、所謂警察の爲めの警察となり、社會や國民の爲めの眞の警察とはなり得ないのである。國際警察の趣旨も畢竟するに世界の人類が互に共同生活を爲す上に於て、世界的安全生活を期するのを目的とするの趣旨である。

而して總ての團體には、團體精神と云ふものが其の中心として存在するものであるが、警察精神の最終の目的も、結局は災害防止と云へる人間愛に歸着するのである。而して其の人間愛の爲めにはここに神聖なる警察の權力を必要とする次第てある、而して特に此の場合に於て大に注意すべき點は、廣く人間愛と稱するときは、何れの機關も此の點に歸一するもので、宗敎でも道德でも同樣である。然れ共警察は宗敎や道德ではない、警察の法律上の性質は權力關係である、此の意味に於て警察は正義の觀念の下に、人の自由を制限するを以て目的とする事を本體となして居る。本章に於ては警察と人間愛との關係を論ずる時、警察は人間愛を以て最終の根本義と爲すと說明したのであるが警察の實體は言ふ迄もなく權力關係で智仁勇の中では勇なる正義の觀念に屬するものである。學者宜しく此の仁と勇との關係に就ては、深く玩味する所がなくてはならぬ。

第四節　權力否認說

自由思想の空論家は兎角自己に便なるが爲めに、一に拘束より脫する事を以て能事と考へ居る樣であるが、併し徒らに個人的に自己の勝手氣儘の事のみを考へて、少しも義務の事を顧みざる如きは、到底社會の公共生活を營み得るの眞義を解せない者と言ふべきである、恰も義務の伴はざる權利の存在する事無きと同樣に、又服從の伴はざる權力の存する所以はないのである。徵兵でも納稅でも、國民は其の義務を免るる事の出來ないのと同樣に、國民は當然警察權に服從せねばならぬ。何となれば警察は、社會の公共的安全生活を營む爲めに存在するものなる以上は、國民の警察權に服從すべきは、國民當然の義務であらねばならぬからである。

古來仙人的隱遁者は實際上の日常生活に超越するが故に、從つて又自己に對する總ての力の外に立つ爲めに、人生に於ける快樂や幸福をも受け得ざるものである、老莊の如きは卽此の種の方面に屬して居るものである。

楊朱は超越的自己主義て、墨子は兼愛交利說て、他人の爲めに盡力する事を以て主義として居るから、楊朱の自己說とは反對である、孟子は楊朱や墨子を攻擊して云ふには、楊朱の說は君主を無視するの說で、禽獸の道であるから人の行ふべき道てはなく、又墨子は父母を無視するの說であるから、是れ亦人の行ふべき道でないと喝破したのである。而して又此等の說は何れも正當に非ざるが故に、自然に滅亡したる所以てある、孟子は利己主義は世に害ありとて性善說を唱へたるものである。

要する權力否定の說は、國家に害惡を殘す丈けの事である、こゝに於て孔孟は仁と義との說をなしたる次第てある。マルクスやレーニン等は、社會の文化的生活の最後の完成と共に、權力は自然に其の意義を失ひ死滅するに至るものであると說きながらも、レーニンの勞農政府は其の實警察國家時代の舊露國帝政時代よりも、より以上の警察國家となつたので、實に矛盾も甚だしきものである。

全體無政府主義者等の權力否認說は、權力を以て惡事の大根本と心得て居るから、之を廢止せよと云ふのてある。又之に反して社會主義者中には、其の事業の結果として、權力は當然自然に消滅するに至るべきものであると說くものがある。然れ共實際上此等の說を爲す者は、多くは世の落伍者や不平家や精神病者の類が尠くないのである。而して此等の人々や老莊の徒が權力否定を主張したのは、畢竟其の半面のみを見て判斷したもので、全局より觀察したるものでないから、此の如き誤謬に陷りたるものと思はるるのである。

斯の如く權力否定の空論なるは、旣に東洋に於ても夙に研究された問題で、我邦に於て今更權力否定の說などを唱ふるが如きは、實に謂れなき架空の論議に過ぎない次第である。

山間の仙人生活を營む者や、我利的無政府主義者は暫く措き、苟くも人事の錯雜せる社會の實際生活に在りては各個人は其の共同生活を營むに當りては、自己に於て不正の事を爲さざる以上は權力は毫も恐るべきものに非ざるのみならず、寧ろ神聖なる權力は之を歡迎すべきである、何となれば却つて是れ皆悉く自己を保護するものに外ならぬからである。然れば警察は犯罪人に對しては恐るべき性質のものであるが、善人に對しては毫も恐るべきものではなく、善人は寧ろ實に警察の良友であらねばならぬ。

國家の權力の微弱なる國柄に在りては、保護力の弱きこと實に察するに餘りがある、支那の如きは其れである。此の點に於て我邦の如きは、實に有意義なる國家であつて、將來は益々警察力の薄弱を防ぎ、之が健全なる權力に就ては益々之を助成發達せしめ、以て國民に一層强き安堵心を與へねばならぬ次第である。

右の理由に基き警察の權力は何れの國に於ても存在し、眞正の權力は社會の共同生活上實に一日も缺くべからざる事となつて居るのも當然である。蓋し人類は社交的生活を營むもので、之が爲めには國家の公生活は當然必要と認められて居る。而して既に到底孤獨生活は人間生活と兩立し難きものなる以上は、權力の否認は結極空論の問題で、寧ろ各種の危害は社會の進運に伴ひ益々增加すべきものであるから、之を除去する爲めには寧ろ一層强大なる權力の發生を必要とするのは當然で、歐米でも近時識者は警察權の薄弱となり來れる傾向に對し慨嘆して居る程である。我邦に於ても之と同様に、警察權は一層强大たるべき事が、我邦の現狀に照しても緊要の事である。

第五節　警察の適法的行爲

警察の作用は其の根本義として若しも之が反則の場合に於て、其の强制力が存在せざるものとするときは、到底國家の治安は之を維持する事は出來ないものである。而して、警察權の作用には自ら一定の限界がある、此の意味に於て權力の應用は必ず合理的であらねばならぬ。畢竟國民各自は、安寧秩序を遵奉すべき義務を負ふて居る以上は、此の點が最も注意すべき立脚地である。

唯茲に注意すべき事は、人類の思想は絕えず進步するものであるから、警察も亦之に順應して進步せねばならぬのは勿論である。然るに兎角警察の思想は、一般の思想界に遲れ勝ちであるの結果、往々警察は社會の指導者に對し猥りに之を危險視するの弊に陷り易い事も少くない。維新時代の志士が、當時政府に危險視されたのも之が爲めである。然らば警察官の頭腦と先覺者の思想の矛盾とが、互に相調節せらるる事が必要である、而して警察と國民との關係も、此の點に於て特に注意を拂ふの必要がある。要するに警察の根本的精神は、道德と同じく人類生活の壓迫者てなく、一大保護者であらねばならぬ。故に自由の制限とか權力の應用とか云ふ事は畢竟其の根本義としては、自由の擁護の爲めであらねばならぬ、恰も選擧の取締は選擧の自由を保護する事が大眼目て、公正を旨とするのと同樣である、卽自由と權力との調節點が、自由保護の中心點である。而して警察官は常に正義公道を以て一貫すべきものであるから、古人の所謂「富貴不能淫、貧賤不能移、威武不能屈此之謂大丈夫」と云ふが如き、意氣がなくてはならぬのである。

人間には人格の尊重と自由の制限との二方面がある、而して自由の制限といふ事は、動もすれば自由を尊重せざる事の誤解に陷り易い故に、或人は自由の制限といふ意味の代りに、個人放縱の制限と稱して居る者もある、卽警察の自由を制限する所以は、自由其のものでなく放縱其のものに對してであると云ふのである。尙換言すれば、苟くも社會あれば個人の放縱といふ事は到底免るべからざる所、若しも之を其の儘となし制限せざるに於ては、社會的公共生活は終に不可能となるといふのである。此の說は一見一理あるに似て居るが、然れども警察と個人の放縱制限とは必ずしも一致すべきものではない。何となれば警察の目的は、社會の安寧秩序を維持する爲めに、人の自由を制限するもので、必ずしも個人の放縱に對してではないのである。例へば個人が交通禁止の制限を受くる場合の如き、畢竟個人の放縱の爲めではなく、社會公衆の安寧秩序を保持する爲めに、自由を制限せらるるのである。故に警察上の自由制限は單に公共の安寧秩序等公益上の場合を標準として存在するものである。

第六節　權力の行使

權力行使の問題は警察權實行の問題である、而して萬一警察に權力の觀念を缺くときは、眞の警察ではない。人間愛は警察の直接の目的でなく最終の目的で、警察としては常に權力と終始すべく、而して其の權力は正義の觀念に立脚せねばならぬのである。

英國の如き人格尊重の國ですらも、必要の場合には大に警察權を應用して居るのである。例之一九二一年愛蘭獨立問題の爲め、英國に於て大騷擾のあつた時、愛蘭人は議會に爆彈を投ぜんとするの風評が傳はりたる爲めに、議會は斷然一般公衆に對し傍聽を禁止したのである。又警察は議會の大通路に對し板塀を設け、交通を遮斷し、一々通行人を誰何したのである、又警察官は夜間ピストルを携帶して警戒に從事したのであるが、一般社會は警察に對し、少しも不平を鳴らすものなく、又一般新聞紙も極めて靜肅であつたと云ふ事である。

我邦に於ける今日の要求も警察權力の應用の强き事である、而して之が爲めには勇氣に富み膽力ある警察官の存在を必要とする、卽所謂身を殺して仁を爲すの人を要望して居るのである。要するに警察官は民衆に對しては、實に親切なると同時に、一面に於ては一旦緩急あれば、義勇公に殉ずるの勇猛心がなくてはならぬ。

今日の法律生活上參考に値するの聞えある、獨逸の新憲法の第九條にも、國は公の秩序及安寧の保護に付、立法權を有すと云ひ、其の第四十八條には、公共の安寧秩序に重大なる障害を生じ、又は障害を生ずる虞あるときは、大統領は公共の安寧秩序を囘復するに必要なる處分を爲し、必要あるときは兵力を用ゆる事を得と云ひ、又第百二十三條には、屋外集會は公共の安寧に對して直接の危害ある場合に於ては之を禁止する事を得と稱して居るが如き何れも皆社會主義國としての聞えある新獨逸國ですらも、斯の國くに强大なる警察權を行使する事を認めて居るのである。

立憲國家の警察は公明正大であらねばならぬ、所謂思無邪といふの觀念の下に立脚せねばならぬ。萬一警察が國家の權力なるの故を以て、國家の美名の下に橫暴を逞ふする事ありとせんか、國民も自然に之に服從せざるのみならず、遂には國家をも咀ひ、警察をも敵視するに至るのは人情の常である、斯くては警察の措置宜しきを得ざるが爲めに終に國家其のものまでも、非常なる迷惑を受くる次第である。余は常に警察の行動が、最も公明正大であらねばならぬ事を呼號して居るのである。又、之と同時に萬一政府の指導者が、不公平なる態度を採らんか、之が爲めに警察までも之が惡影響を受くる事となり、民衆の政府に對する反感は所謂坊主が憎くければ袈裟まで憎くしとの喩へと同様に、政府の不信は遂に警察に迄及び、警察官こそ迷惑千萬の事となる次第である。

余の警察に對する平素の信念は、苟くも警察官たるものは、上は　天皇陛下より下は萬民に對し、常に皇室中心主義の下に活動し、普選問題の行はれんとするの今日、宜しく平民警察の實を擧ぐべきである、換言すれば國民一般に警察の思想を普及し君民同治の我國體に鑑み、之に相當すべき平民警察を築き上げねばならぬのである。卽貴賤老若の別なく、且つ政黨政派に超越せる雄大なる警察こそ、實に我邦の國體觀念に適合せる警察であらねばならぬ。

第四章　警察と國家的觀念

國家が存在する以上は、國民に愛國心の必要なるのは勿論であるが、併し個人に缺點あるが如く國家にも缺點あるを免れないから、我等の愛國心は最も健全であらねばならぬ。殊に警察官の如く直接民衆に接する者は、能く我が國體の本義に通じ、愉快に警察の職を奉じ而して民衆の指導を行ふの必要がある。

世人往々世界の國體を分ちて二と爲し、一は米國の如き新獨逸の如き、國民の協調に基ける共和的主權者たる大統領制と、一は舊露國、舊獨逸の如き、帝政的權力本位の國柄であると。而して我邦の如きは其の後者に屬し、殊に帝國創立以來、神代ながらの權力國であつて、他の帝國よりも一層純然たる權力主義の國柄であるとさへ說く者もあるが、此の說は我が國體の本義に通せざる皮相論であつて、我邦は決して斯くの如き權力本位の國柄ではない。又米國の如き獨逸の如き國民協調本位の國でもなく、其の何れの種類にも屬しない世界獨歩の國柄である。卽我帝室は古來德を以て樹ち、教育勅語に宣はせ給へる德を樹つる深厚の國柄であつて、皇祖皇宗以來歷代の天皇は何れも皆民意の自覺を奪ひ給ひたる事なく、寧ろ帝室より自ら進んで憲法を制定せられ、又市町村制を發布して國民の自治心を喚起し給ひたる等、飽く迄も德を以て樹ち權力を以て末と爲し給ふて居る。之に反し歐洲では帝室が國民を壓制し、之に依つて遂に帝室政治を成立せしめたのが多いのであつて、帝王と國民との間に何等精神的連絡が無いのが常である。

我國體に於ける皇室宗親論は、我々國民精神の中心である。英國の國民精神は自治主義、議會中心主義である。斯くの如くに我國體は、君民同治の國柄で、其の結合の美果が能く我が萬世一系の帝室を作り來つたもので、卽是れ皇室中心主義の賜である。故に佛法が印度より入り來りたるも、日蓮は勤王論を唱へ、漢學が支那より到りたるも、菅公は和魂漢才を唱へ、又現時の歐洲文明思想の鼓吹に、多大の貢獻を爲したる福澤翁の如きも、我が國體に對しては非常に之を尊重せられたのである。萬全體皇室中心主義の精神は政黨閥、官僚閥、軍閥等の如き偏狹のものではない。萬一斯くの如き類が、其の趣旨を誤り横暴を逞ふするが如き事あらば、實に我が國體を毒する者と云はざるを得ない。國民は皆陛下の赤子であるが故に、普選問題の如きも實に我が國體の眞意義に適合せるものと云はねばならぬ。余の所謂平民警察なる意義も、畢竟警察官が權力者の爪牙となる事なく、廣く其の階級の如何を問はず、一視同仁的に社會奉仕の任務を盡すの意義であらねばならぬ。

殊に警察官の如き陛下の警察官として其の職に在る者は、能く聖旨を服膺し、皇國の爲めに努力せねばならない。東郷大將が日本海の海戰に於て「皇國の興廢此の一戰に在り」と言はれたのも偶然でない。

現時の如き我邦の情勢に於ては、警察官は義勇的に活動し、其の行動の如何は實に皇國の興廢にまで關係する事が深いと信ずる次第である。故に警察官に我國體の觀念を注入することは、何より急務であらねばならぬ。余が平素警察敎育の上に於て、常に此の點に留意し居るのも之が爲めである。英國の如き公僕警察主義の國柄ですら國民は其の皇室に對し深き溫情を有し、內務省の警察監察官が都市の警察を視察するに當り、陛下の警察監察官と云へる言葉さへ用ひて居るのである。我邦の警察官が陛下の警察官に非ずして何ぞやである。

我皇室に於ては、皇室は古來民本主義にして所謂情に於ては父子たるとの說は、明かに我國體の家庭主義を表現せる所以である。

將又義の方面からすれば、臣民たる者は帝室に對し或る事を要求するが如き、權利ケ間敷き事があつてはならぬ。此の意味に於て皇室の尊嚴と云ふ事に對しては、殊に警察官の如き規律を生命とする者に在つては、能く此の根本義に徹底し置くのが必要である。卽君主は宗家であり、父であり、母である。而して家庭に於ても父母は慈愛の外に尊嚴であらねばならぬ以上は、其の宗家たる皇室の尙更尊嚴であるべきは勿論である。

斯くの如くに我邦は君民同治の主義で、君主は民本主義であり、國民は君本主義である。而して此の兩者の關係は不可分であつて、眞に我國體は世界に比類なき同心一體と云ふべき特色を具備して居るのである。仁德帝が「民の富は朕の富」と仰せられたる趣旨も是れである、卽此の君民同治、擧國一致の精神があつてこそ、我が國家は永遠に之を維持する事が出來るのである。余は常に此の根本精神を我が警察社會に注入し、以て警察界に於ける精神作興を期したいと思つて居る。例之ここに國家を顚覆すべき危險思想團體ありとせんか、實に君國の一大事である、警察官は宜しく身命を賭し、四十七士の心を以て之が撲滅に當らねばならぬ。此の精神が卽皇室中心主義であつて、此の警察官の行動は陛下の警察官として陛下に對し最も忠實にして且つ愛國心も亦ここに發現し得る所以であつて、之に依り能く國民の爲めに安寧秩序を維持し得る事となる次第て、要するに我國體に於ては忠君と愛國の兩者は互に相離るべからざる關係を有するものである。

世人往々斯くの如き說に對し、之を古き道德なりと嘲笑する者もあるが、是れ實に時代錯誤の甚だしきものにして斯くて我が國民殊に警察官の如き直接民衆に接する者は、能く世界に比類なき我國體の眞相を味ひ之が思想に徹底し、皇室中心の本義を明かにする事が、實に時代の要求てあらねばならぬ。

第五章　國民警察教育と國際警察教育

第一節　概說

警察の最終の目的は國民多數の幸福を主とし、以て共同生活の發達を期するのである、而して國家は民衆の最高保護者であつて警察は國家の機關である。然るに今や國家の外交や國家の軍隊ですらも、國民の外交、國民の軍隊と稱すべき時代となつたのである。既に國と國との關係に於ける外交や軍隊が、國民の爲めである以上は、警察の如き國內的內務行政に屬するものが、其の性質上當然直接國民の日常生活に至大の關係を有するのは勿論で、警察が國民の爲めに存する事は今更言ふ迄もない。

警察は社會民衆の災害を豫防し又は防止するを以て目的とし、國民は又各個人に於て自ら災害を豫防し安全生活を營むべき事は、國民生活上當然の事に屬する。而して此の如くに災害を豫防すると云ふ點に於て、國民と警察との兩者間に一致點を見る次第である。

米國に於て盛に安全教育の行はれて居るのは、畢竟各個人の不注意が原因となり各種の災害を惹起することが、其の大部分を占めて居るからである。最近に開催せられた第五回國際勞働會議に於て、安全問題を以て工場監督官の最も重大なる任務と決議したのも偶然ではない。災害防止の問題は獨り國内的のみならず國際的にも、注意を拂ふべき重大問題となりつつあつて、余が日本安全協會の爲めに微力を致しつつある所以も、此の點に立脚して居るのである。

國民性を離れて警察の存在することとなきことは、恰も國民精神や國民道德が、其の國情に從ひ自然に發達すべきと同樣で、我邦警察の世界に冠たる所以も、畢竟我國民性の特色に基くのである。卽我邦の警察が各國中最も全國統一的なる組織を有することと、我邦警察官の廉恥心に富めることとの兩者は實に世界に誇るべき點である。殊に又我國民の義勇奉公の心は、我邦古來の美點であつて、舊江戸時代の消防氣風が、一種の義俠心に富み、水火をも辭せざりし美風も、我國民性として世界に誇るべき點であつたのである。況んや世界に比類なき我國體は、君民同治の特色を有し、我國體より見たる警察官は、陛下の警察官で、其の職責は國民の爲めに公平なる警察權を行ひ、國家の安寧秩序を保持すると云ふことに存するので、卽警察官の臣節として陛下に忠なる所以は、偶々以て同時に愛國心となる次第である。故に我邦の警察は英國の如き公僕主義とは、全く其の根本義を異にするものと言ふべきである。

國民警察の意義は國民側より謂ふときは、國民皆警察なりとの觀念に立脚すべきもので、公德上よりは國民各自に於て自警思想を保持せねばならぬ。而して國法上より謂ふときは、警察は國家の權力なるが故に、國民は法律上警察とは直接何等の交渉を有せざるも、既に警察が其の性質上國民の爲めに存するものなる以上は、國民は警察官に對し、喜んで之に後援を與ふると同時に、自治的及ひ公德上の方面から、自衞思想を發揮することが、文化時代の根本義であらねばならぬ。英國警察の世界に卓越せる所以は、警察官の素質も善良なるには相違ないが、寧ろ國民に公德心が充實して居るからで、國民の警察に對する觀念が我國と異なり、警察は吾々國民の爲めに存するものであると云ふ思想が根本義となつて大に發達して居るからである。

國民警察は之を兩方面より觀察するの必要がある、卽第一警察側より謂ふときは、現代の警察は特定の人に對する保護ではなく、廣く貧富の別なく一視同仁的に、人間愛を施すの必要がある、素より警察社會に於ては、昔より警察官は常に民衆に對し親切なるべしと、傳統的に敎訓して居るのであるが、兎角因襲の久しき、往々民衆全體に對し公平の措置を缺くの虞もあるのである。殊に今日の如き普選問題の絕叫せらるる時代に在つては、警察官は能く國民警察の眞意義を了解し置くの必要がある。

又第二に民衆側より見たる國民警察の意義は、民衆各自が英國の如くに、警察を以て吾々國民の警察なりと觀念し、萬一社會の秩序を害する者あるときは、國民は自から進んで警察を援助し、官民は相一致して惡漢無賴の徒を除去するに努むる等、其の他各種の災害に對しては、之が豫防撲滅に全力を注ぐことてある。故に國民警察思想の發達せる英國民は犯人逮捕等の場合に、警察の援助者として自ら進んで證人となるに反し、我邦に於ては往々懸り合になるとて、自ら責任を回避する者が尠くないのであるが、殊に注意すべき點は、萬一國民に軍隊や警察を敵視するが如き風を助成するに於ては、國家の深憂之より大なるものはない。現伊太利の國民が此等の點に對し、多大の注意を拂ふて居るのも偶然ではない。又露國の前皇室の滅亡したのも、畢竟警察と國民との間に大なる溝渠を生じて居つたことも、其の一原因たるを失はぬのである。

國民警察の發展は、國民皆警察なりとの觀念に立脚するが故に、英國に於ては夙に市民警察とも稱すべき一種の特別巡査（スペシアル、コンステーブル）の設もある。又近時歐洲に於ては各地に國民の義勇的精神を基礎とせる義勇團が起り、安寧秩序を維持するのである。瑞西のビュルゲルウエーレンや和蘭のブルゲルウエヒテル、獨逸のアインウオーネルウエールを初めとし、英、佛、米等にも同盟罷工等の起れる場合に、第三者たる國民が義勇團となつて活動し、好成績を呈したのである。殊に戰時中より歐米に於ては、婦人巡査や婦人消防手や少年巡査さへも設けられたる實例に徵するも、國民皆警察なりとの思想は、世界的思潮として見逃すべからざる事實である。

次に國際警察の觀念は、交通狀態が世界的に發展するに伴ひ、世界人類の思想上及物質上に對する災害豫防問題の範圍が、世界的に共通して來るのは當然で、殊に歐洲大戰後國際聯盟の結果は、國際警察の名稱さへ起つて來たのである。卽聯盟規約第二十三條に依り、男女及ひ幼年勞働者に對する公平なる取扱其の他之に關する各種の保護、婦人及ひ兒童の人身賣買に關する協約の實行や、阿片及ひ阿片合成劑賣買の抑制や、武器彈藥の販賣、輸入禁止の問題等を初めとし、規約第二十五條の目的實現の爲めに、疾病防止及ひ撲滅に關し國際的性質を有するものに對し、必要なる手段を採ること等、何れも皆國際警察の重要なる問題である。其の他何れの問題も、國際聯盟としては討究せらるる次第である。殊に將來國際的犯罪人の横行や、其の他危險思想の宣傳等國際的災害の多くなるに至るのは、逆睹するに難くはない。大正十二年十一月發布の國民精神作興に關する詔書中にも、「博愛共存ノ誼ヲ厚クシ」と仰せられて居る次第である。

國民敎育の必要なると同時に、國際敎育の緊要なることは言ふまでもない。近時我邦に於ても國際聯盟協會が設立せられ、其の他國際敎育に關する思想が漸次普及しつつあるのも當然である。然れども玆に注意すべき點は往々國民の存在を無視し、甚だしきは國家を眼中に置かず、獨り個人の生存のみを主張する者も尠くなく、殊に最も痛嘆すべき傾向は、國民主義より遂に國際主義に到達すべしと誤解する者さへあることである。然れども、一個人は國家を離れて存在するものでないと同樣に、國際主義も國家主義の根本義の下に存在せねばならぬ、卽國民主義が第一義で國際主義は第二義であらねばならぬ。此の見地よりして、例へば法律問題に在りても、商法等の規定は國際的の範圍が、時代と共に擴大せんとするの傾向を呈し來らんとするも、之に反して苟くも國體の根本義に至大の關係を有する憲法の規定の如きは、永久に純然たる國民性を基礎とせねばならぬ。換言すれば我國體は、永久に君民同治の國柄であらねばならぬ、尙詳言すれば我國體は我邦の存在する限り、皇室中心主義に立脚せねばならぬのである。要するに國家を基礎として國民敎育を施すことが根本義で、殊に歐洲大戰後に在りては、各國共に此の點に立脚して居るのである。伊太利の如きは現首相ムッソリニー氏は、社會は義務の上に立ち、權利の上に根據を有せずと迄唱へて居る程で、世界の大勢は決して國際主義を第一位に置くことなく、寧ろ國家及ひ國民主義を根本義と爲しつつあるのである。

余は以上の所說に依りて明なる如く、警察の國際的敎育の必要も認めて居るが、尙一層國民警察敎育の緊要なる事を認めて居る次第である。

第二節　國民警察敎育

安全生活とは災害防止の觀念であつて、實に人生の一大要義である。生活改善問題も社會改造問題も、畢竟人類の社會に缺陷あるが爲めて、此の缺陷の除去に依り、完全なる文化生活を營まんとの趣旨に外ならない。警察行政の目的は、國家が危害を防止し、國民に安全生活を營ましむるに存するのであつて、殊に文化時代の警察は、最も災害防止と云ふ事に立脚して居る。米國のアーサー、ウッヅ氏が、將來の警察官の任務は、豫防警察に在りと言ふたのも偶然ではない。

抑々安全と云ふ事は、人類の當然に具備すべき性質であつて、何れの國でも亦何れの時代でも、人間は自然に本能性として安全思想を有して居るのである。故に我邦にも古來國家の安全を計る爲めには、國家安全天下泰平の辭があり、又交通安全の爲めには、往來安全の言葉があり、又家內に對しては家內安全の言葉があつたのである。何れの國でも古代は災害に對する迷信甚しく、殊に災害に對しては誰人も恐怖本能を有して居る者であつて、古來我邦に於ても有名なる言葉として、地震雷火事親爺の俗諺があるのも偶然でない。唯今日と昔時と異る點は、昔は交通其の他社會の環境が今日の如くに錯雜して居なかつたから、從つて又人間の災害に對する感受性も、今日の如くに鋭敏でなかつたのである。然るに今日では各人は事實上直接鋭敏に危害を感受し來つたから、自衞上速に之を豫防するの必要に迫り、且つ一度災害の發生する場合は、速に之を除去するの必要をも自覺し來りたる次第てある。殊に近時文明時代として注意すべき徴候は、文化の發展と共に科學の進歩に伴ひ、災害防止の手段方法を講ずること愈々切なるに至り、從來徒に恐怖したる事柄も、今や或る程度迄は人力に依り之を除去し得る事となつたのである。一六六六年英國倫敦に於て世界に有名なる大火災があつたが、之が爲めに爾來新に建築警察規程を設け、從來の木造家屋は之を不燃質と爲す事となつた。其の他何れの國でも、一度大災害に罹つた後は、再び過誤を爲さない樣に、災害防止の方法を講じ之を實行するのである、是れ畢竟國民としては當然努むべき道であらねばならぬ。斯の如くに災害防止の觀念は、個人にも國家にも共同生活上實に必要缺くべからざるものなる以上は、平素に於て之が思想を注入すべく、ここに安全教育の必要を生じて來たのも當然である。而して安全教育とは、之を廣義に解するときは、國防も法律も宗教も皆之に關係を有して居るのであるが、ここに所謂安全教育とは、唯民衆の生命財産の保護に關係ある警察生活の範圍に就て言ふのである。

抑々人類の共同生活には、安全生活が根本的觀念であるから、盜難、火防、衞生等の如き、民衆直接に利害關係を有する危害除去は、其の性質上原始時代に於ても、人類生活上の第一義として、當然國民自衞上の必要より發生して來るものである。

我邦の五人組制度や臺灣の保甲制度や英國の十戶組合制度等は、何れも皆此の觀念より自然に發達して來たものである。歐洲の學者が自治は防衞行政より發達すと言ふた所以も、畢竟自治の起源は警察に關係ある災害防止の觀念より發達して來たことに因るものである。

如斯災害防止を目的とする點に於て、國民と警察との間に共通點が存在し、而して此の點が警察と國民とを一致せしむる結合的中心である。獨逸には官廳より出てたる規則に違反せざる限りは、何事をなしても差支なしとの風があり、我邦にも兎角民免かれて恥なしの惡風がある。之に反して英國は勿論、米國でも、バークレー市の如きは警察と民衆とが能く調和し、警察官憲は常に民衆に對し、警察の事を了解せしめ居るが爲めに、民衆も亦自ら能く其の意を解し、積極的に警察を信賴するの餘り、萬一犯罪檢擧の上に於て擧動不審の者を發見したるが如き場合に於ては、民衆は直に之を警察に報告し、其の他何事に限らず巡査の巡廻中事あれば之を報告するの美風を助成し來つて居るのである。然らば國民生活の意義も結局國民皆警察なりとの觀念に立脚すべきもので、安全敎育に密接の關係あるは勿論である。

米國では夙に力を安全敎育の事に致し、現に之に關する各種の團體が少くない。而して所謂安全生活とは、國民を根本義と爲すが故に、其の第一線は家庭である。而して又之に伴ひ小學校に於ても之が思想を注入するの必要がある。現に米國には交通の事に關し、少年團に安全保護手(Safety Patrols)の設さへある位で、少年巡査の如きも戰時中義勇警察の見地より發生したものである。我邦に於ては大正十一年十一月、長野縣では本間知事時代に、民衆と警察との關係を諒解せしむべく、青年團の幹部員、消防組の役員等に對し、講習會を開催し相當の成績を擧げた事もある。

斯くて獨り學校や家庭のみならず、進んでは町村内に全部其の思想を注入し、尚之を大にしては國家的に又更に進んでは國際的にまで、安全思想を注入するの必要がある。現に少年赤十字事業の如きも、衛生思想の發達を期する爲め、國際的に發展しつつある實況で、我邦でも今や之を奬勵しつつあるのである。

全體自治の觀念は、道德的思想に基くものであつて、畢竟安全思想も各人の自律心が根本義で、國家の權力たる警察力の如きは、抑々第二位に屬すべきものである。此の點より云ふときは警察の權力も畢竟其の最後の目的は、國民の道德心を維持する手段として存在するものである。結局警察の根本觀念も、人間愛を基礎とすべきものであつて、米國に於て國民が安全思想に熱中し、警察官に請ふて熱心に警察上の講演を聽講して居るのも偶然ではない。

我邦には兎角未だ國民の安全思想が發達しないので、余は夙に之を憂へ、地方を旅行の際は成るべく民衆に對し、安全思想の注入に努めつつある次第である。又警察協會も近年規則を改正し、國民に警察思想を普及する事をも其の目的となし、又廣く警察、消防に功勞ある者をも表彰する事となしたのである。

要するに安全思想の注入は、平素に於て之を訓練し置くことが最も急務であつて、之は一に國民の自衞心の發達に俟たねばならぬ。殊に當時の大震災の跡に考ふるも、自警思想の發展は實に急務である。顧ふに當時の自警團は、極めて偶發的、不規律的に組織せられ、又武器を携帶して亂暴の行爲をなす等、輕擧暴動の跡も少くなかつたのであるが、併し又一面に於ては震火災に依り、國民は共同的に防衞すべく痛感したるの結果、自警團中には好成績を擧げたものも少くなかつたのである。我邦現時の國民精神動搖の原因は、戰後より來れる刺戟と戰前より馴致したる個人思想等と相俟ち、我邦固有の思想にも動搖を來し、殊に階級排除の思想と、支配者に對する反感等も相應じ來りたる跡もないではない。警察と國民との諒解問題は此の點より見るも必要である。婦人問題、勞働問題、水平問題等何れも皆警察官の充分に諒解すべき緊要問題である。萬一此等の問題に對して無理解に終るときは、徒らに民衆の反抗的氣勢を招くのみならず、其の反抗的勢力の成りたる後に於ては、如何とも爲し難きものであるから、其の未だ激成せざるに先ち之を善導する事が、目下の急務である。然るに我邦では外國の如くに社會道德が發達せぬ故に、平素に於て國民が自衛の思想に徹底し置く事は、實に今日の急務であらねばならぬ。殊に非常の場合には民衆の自警的手段が最も必要である。故に平素國民と警察との關係を一層密接にし、豫め平素に於て秩序ある訓練を行ひ、一旦事あるに當りては狼狽せざる様、大に努力する事が最も必要である。是れ余の將來一層微力を民衆の安全思想の鼓吹の爲めに致さんと志して居る所以である。

第三節　國際警察教育

國際聯盟の思想は、過去數十年來學者、政治家の間に研究せられた結果、今日に至つたもので、ルーソーの如きは百年前既に一種の說を爲したのである。然れども從來兎角空想的に陷り易かつたが、大戰の結果稍〻實行案の形式を具へ來るに至つたのである。卽從來唱へられたる世界政府の如き空論ではなく、各國家は獨立して聯盟し、以て世界の平和を恒久に維持すべく主張せらるゝに至つたのである。勿論昔でも國際聯盟の思想はあつたが、然りとて合衆國の樣に各國が聯盟を作つて中央に統一することは到底困難であると云ふので、十九世紀の初めから仲裁裁判說も起り、ハーグの萬國平和會議では仲裁裁判のみに甘ずる事となつた。然るに一九一四年以來の歐洲戰爭が益々慘狀を極むるので、何か適當の方法に依り戰爭を制限するの必要があるとの理由から、米國大統領ウィルソンが戰爭を制限するには腕力でなく、正義人道を本としなければならぬと主張し、之が爲めには國際間の協力(Corporation)が必要であると說き、ここに國際聯盟(League of Nations)か成立するに至つたのである。而して斯くの如く各國が協力して之に當ることは頗る高遠の理想である。尙其の聯盟規約の中には、國際勞働其の他警察に關係を有する事も多々規定せられて居る次第である。

國際聯盟の實行は、國際間の法律的秩序を維持する爲め、ここに國際法の遵奉を勵行すべき機關を要し、更に强制力が必要となつた。而して其の强制手段は聯盟規約第十六條に依り、經濟上の絕交を爲すことと、又萬一の場合には聯盟の使用し得る武力の存在を要する、而してこの武力は卽國際警察である。從來或は國際警察の方法手段としては、聯合國的に警察權委任の說を爲した者もあつた、例之亞細亞では國際警察權は日本之を有すべしと云ふが如く、恰も上海の共同居留地には九人の各國の代表的警察委員があつて、英國が其の委員長たるが如き類である。ルーズベルト氏も曾て米大陸に於ては合衆國、歐洲に於ては歐洲諸國、亞細亞に於ては日本に國際聯盟警察權を附與しては如何との說を唱へたこともある。

此の說の根據は余が豫てから主張して居る東洋警察協會設立の思想とも其の精神を同じくして居る、卽支那印度等苟くも東洋共通の利害關係を有する國々が互に警察的に聯盟せよとの趣旨である。唯余の說は法律的でなく東洋各國の警察官同志が互に丸腰となり、相共同して警察上の發展を期せんとするの趣旨である。而して新聞社會や辯護士社會には、不完全乍らも旣に其の會合もあつたのである。此の點に付ては殊に關東州警察の如きは、地理上の關係から見ても、一層盡力されん事を望む次第で、余も此の事に付ては從來から各方面の諒解を得べく微力を致しつつある次第である。

國際聯盟は(一)聯盟各國代表者會議の外に(二)行政會議を開き、此の會議は其の國の委員を以て組織し、國際行政の事を掌る。又委員は九ヶ國の代表者を以て組織し、少くも一ヶ年間平和の諸問題を議し、國際警察の問題も此の席上に於て協議せらるるのである。尚(三)常設事務局の設があつて、聯盟の具體的行政事務を處理する。

突發事件の起つた場合には、加盟國の義務として事務總長は加盟國の要求によつて行政會議を召集し、又仲裁々判に附せざる問題にて、國交斷絕に至るが如き大問題が加盟國家に起つた場合には、之を行政會議に提出するのである。又聯盟規約を犯したる加盟國は代表者會議及行政會議の投票によつて、聯盟より除名する事となつて居る。

斯くの如くにして聯盟の勸誘にも應ぜず又問題を緩和する事をも得なかつた時は、遂に聯盟規約違反者として之を懲罰に附するのである。而して懲罰の條項は國際聯盟規約の勵行上必要缺くべからざるものであつて、斯くの如き規約違反者の制裁機關は、聯盟に依りここに初めて設けらるる事となつた次第である。

國際外交の沿革は、其の昔主權者の宮廷外交に濫觴し、次に進んで政府と政府との間の官僚外交に移り、今や再轉して人民と人民との間の國民外交の時代となり來つたのである。故に國際關係が社會化するに從ひ、國內內部の事情も忽ち國際關係の上にまで反射して來る事となつたのである。卽例へば我邦一人の警察官の行動と雖も、場合に依つては世界に迄影響を及ぼす事となり來つたのである。米國バークレー市の警察が、世界の注目を惹いて居る如きは是れである。

國際警察問題は種々限りはないが、其の主なるものを擧ぐれば、聯盟規約第二十三條に依り現に存在する社會的國際協約及將來締結されんとする同種類の條約の勵行を誓つて居ることとである。左に其の要項を擧んに、

第一　婦女及幼年勞働者に對する取扱

婦女及幼年勞働者に對しては、公平に且つ人道に適へる待遇を爲すべく努力し、尚其の目的を貫く爲めに、必要なる國際的規約を設くる事に約されたのである。國際的勞働狀態改善の基本規定としては、一九一九年一月三十一日開會の巴里平和會議に於て、國際勞働立法委員を指命し、五大國より代表者及其の他の者出席する事となり、我邦からも代表者が出席したのである。

當時國際聯盟規約に入るべき九ヶ條の決議案も通過したのである、卽勞働者を商品と認むべからざる如き、勞働者生活維持の勞銀支拂の如き、八時間勞働の如き、二十四時間休憩の如き、幼年勞働者の廢止の如き、其の他必要なる規定が定

められたのである。

我邦の勞働者問題の如きも、國際勞働會議に至大の關係ある事故、警察官は常に斯くの如き國際聯盟會議の傾向に注意し居るの必要あるは勿論である。

第二　婦人及兒童の賣買に關する協約實行の一般的監督を、國際聯盟に委任する件

元來風俗警察問題は、何れの國でも多少の手心を加へて居る、賣淫問題は其の性質上ここに表面があれば裏面があり、日光があれば影があると同じく、從つて又婦人賣買の禁止も實際上頗る困難の問題に屬し、各國は從來兎角之が爲めに種々の問題を生じ來つて居る。我邦でも近時公娼廢止等の問題が盛に唱へられつつあるは、畢竟世界的公德心の發露より來つたものである。婦人兒童賣買禁止の國際會議は種々の沿革があつて、倫敦には萬國婦人兒童賣買禁止事務局が設けられたる事もあり、又一九〇四年には國家としては初めて佛國政府が之に關する國際會議を開いた事もあるが、一九一〇年の國際會議に依り、新條約が締結せられ、締盟國は人身賣買を爲したる者を處罰する爲め、法令上必要なる改正を加ふる事となし、又聯盟規約第二十三條は、右條約監視の義務を聯盟に負擔せしむる事となつた。尙其の後一九二一年六月の國際會議には、出席國は三十四ヶ國を算し、種々の希望條項を決議したのである。

英國は一九二一年九月第十四回理事會に於て條約案を作製提出し、續いて第二回聯盟總會に提出する事となつたので、總會は委員會に附託したが、其の際印度代表の說明する處に依れば、印度が一九一〇年の條約に加盟しなかつた所以は、風土の關係よりして人民早熟の結果、二十歲といふ制限年齡に準據する事は出來ないと云ふので、終に此の點は最終議定書に於て之を保留する事となつた又日本代表も制限年齡に關しては、各國一律に規定する事は困難であつて、日本も地方に依つては稍印度と事情を同じうする旨を述べたのである。然るに丁抹代表は之に反對して言ふには、一九一〇年の條約は、姦淫の目的を以て二十歲以下の婦女を誘拐する者を處罰せんとするの趣旨であるから、其の處罰は國民の早熟と否とに係らず必要であつて、保留國が何故に此の處罰を避けて婦女の保護を危くせんとするのであるか、頗る了解に苦しむ處であると述べ、種々論議を爲したが聯盟事務局の熱心なる勸說の結果、總會は會期中に約二十ヶ國の調印を了し、日本も年齢に關する留保及朝鮮、臺灣、關東州を含まざる地域に依る留保等の下に之に調印する事となつたのである。

第三　阿片及阿片合成劑の賣買抑制

本問題も人道上の主張により曾ては戰爭の原因と迄なつた國際的懸案であり、一九一二年上海に第一回國際阿片會議を催し、第二回はハーグに開かれ、我邦も其の決議の趣旨に依り、大正八年阿片法を改正したのである。而して國際協約は成立しても、其の實、之が勵行は頗る疑はしき故、こゝに國際聯盟の手を煩はす事となつた。將來は我邦でも聯盟の趣旨に依り、阿片は勿論モルヒネ、コカイン等の薬品に對し、充分の取締を爲さねばならぬ。近年關東州の阿片問題が世人の注意を喚起して來たのも、畢竟阿片問題が國際的の重大問題となつて居るからである。現に最近大正十四年二月ゼネヴァに於ける國際阿片會議に於て、米國代表は脫退したとの事であるが、併し阿片其他危險薬品の密賣買を絕滅せんとする國際的協力を無視する次第ではないと辯じて居る。

第四　武器彈藥の販賣輸入の禁止

此の問題は一八九〇年ブラッセル會議の一般條約に依り、アフリカ内地に於ける土人保護の目的を以て、詳細なる禁止條約が締結せられ、更に其の後國際聯盟の手に依り、一層嚴重に該條約の執行及督勵を望む事となつた。

斯くの如き問題は獨り國際的のみならず、朝鮮に於ても曾て余の同國警務局長時代、朝鮮人に武器を携帶せしむる事は暴徒の横行せる時代甚だ危險なりとの理由の下に、獵銃の携帶を禁止した事がある。又臺灣に於ても臺灣人支那人等に對しては、匪徒襲來、蕃人出草等の際の具に供せらるるの虞あるが故に、兵器彈藥の所持は之を許可せざる事として居る。但し蕃人に對しては、狩獵用として一時貸與携帶を許すことがある。

第五　疾病防止撲滅に關する事項

疾病に付ても國際的性質を有するものに對しては、必要なる手段を採る事となつた。卽國際的關係の疾病とは、結核、花柳病、マラリア等多くは傳染病である。而して之が豫防撲滅の事は勿論、其の他國際聯盟は小兒保護、産婦保護等の事をも行ふ事となつたのである。

而して此の聯盟規約が成りたる後、各國は批准調印を了し、保健に關する常備機關も出來得るのである。全體本問題に付ては、從來度々國際會議があつた。卽一八六六年以來五六年毎に開催せられ、幾多の衞生協約も出來て居る。又一九〇三年巴里會議の結果、我邦もスエスの檢疫所に對し、傳染病豫防取扱の勸誘を受けたが、之に應じなかつた所以は、該檢疫所に對し義務を負ふが如きは、主として歐洲の利害に關係があつて我邦には關係が薄いとの理由であつた、而して其の後一九一二年巴里でコレラ、ペスト等の豫防撲滅の協議があつたが、此等協約の執行は國際聯盟に委任する事となつた。且つ今回の聯盟規約は、從來のものと異り一般の衞生的社會事業の上にも關する事となつた故、我邦も之に參加することとなつたのである。

以上各種の警察問題の外何れの事項でも、國際聯盟の席上には提起せられ得るもので、且つ我邦でも既に代表機關も有し居る事故、將來交通警察等の事項を初め各種の警察問題も自由に提案し得らるる次第である。殊に聯盟規約は既に御裁可を得て居る以上は、我邦警察官は執行の必要上國際警察の事には、平素より之に通じ居る事が必要である。

戰後戰勝國も戰敗國も何れも皆戰爭の災害を被り、戰爭よりは何等の利益をも享有して居らぬ程である。卽佛國は財政上に窮し、英國は失業者を生じ、白耳義は人種の不統一に苦しみ、殊に戰爭の爲めに何れの邦も皆一般に道德は頹廢し犯罪は增加し、米國の如きは九ヶ年間に四倍の增加率を示すに至つた程であり、盜難に對して保險會社の拂へる金額の如きも、一九二〇年には一千萬弗の多きに達し、又同年紐育州のみでも勞働者のストライキの爲めに空費したる時間は、實に一千萬時の多きに及んだといふ事である。英國でも怠業者が頗る多くなり、離婚の訴訟さへも著しく增加し來るの傾向がある。

斯の如き背景の下に、犯罪は世界的交通の發展に伴ひ、國際的に發展するの傾向を呈し、犯罪は國境を選ばぬ事となり來つたのである。卽國家の統治權には管轄區域が存在するが犯罪人には國境はないので、夙に國際的犯罪人の名稱の起り來れるのも偶然でない。殊に航空機の利用盛となれる今日、國際的犯人を如何に處置すべきやの問題は、愈々緊要の事となつて來た。要するに今後は獨り國內だけの刑事警察の連絡問題のみでは用を爲さざる事故、國際的に刑事局を設くるの必要ありとの意見すら盛に唱道せらるる事となつたのである。

是より先一九二〇年六月七日より四日間を期し米國ミシガン州デトロイト市に於て、國際警察長官會議の催があつて、我邦の警視廳にも出席方を照會して來たのであるが、當時は我邦よりは誰人も出席しなかつたが、其の席上で警察官吏の身分財産保護、警察學校の改善、廳舍の設備、巡査の功績表彰、退職年金、犯罪防止等の事に付て攻究せられ、其後一九二三年五月一日より五日間紐育市に於て國際警察會議の開催があつたが、二十七ヶ國の代表者が出席し、我邦よりも列席したのであるが、議題は左の事項であつた。

第一　國際的犯罪人の取締及檢擧に關しては、將來國際刑事局を設置し、尚國際暗號を使用すること

從來長距離の犯人搜査及檢擧は頗る困難であつたが、之が救濟の爲めにするジヨルケンソン博士の指紋電送説は、一般の注意を喚起したのである、而して、此の指紋法は從來の如き方法でなく、單に一本の指紋だけを遠隔の地に電送し、之に依つて犯人を認定し得るの方法である。是より先此の説は一九二二年にも英米佛伊等の諸國に提議して賛同を得たものである。併し各國は未だ之を行ふべ

き決議をする迄には至つて居らぬが、頗る世界の注意を喚起して居るのである。

第二　魔睡藥品(阿片、モルヒネ、コカイン)の取締

此等强烈なる藥品は、非常に精神を刺戟するの結果、衞生上の見地からは勿論、各種の犯罪豫防上よりも之が取締を勵行するの必要がある。

第三　犯罪用火器の取締

米國各州に於ては銃砲火藥の製造、販賣、授受等の取締を爲さなかつた爲め、各人が拳銃を携帶し、從つて此等の戎器を使用する脅迫、强盜、殺人等の犯罪が少くないので、嚴重に之を取締るの趣旨てある。本件に關しては日本代表は日本には夙に銃砲火藥類取締法の制定があつて、嚴重なる取締を爲して居る旨を述べたのてある。

第四　交通取締

現に紐育市には百二三十萬臺の自動車があつて、人命を失ふ樣の事故も頻發する故、交通警察は國際的に勵行すべしとの趣旨から取締の統一規定を設けんとの說が出て、右に關する合圖信號等を世界共通的に行ふべしとの主張てあつ

た。併し本問題は紐育市の警察で現に採用して居る赤色は進めを意味し青色は止れと言ふが如き信號に對し、各地には又夫々異れる慣習もあるのに、之が統一の爲折角從來慣れ來れる觀念を打破せんとするのは、却つて混亂を來すの虞があるとの理由に依つて、終に決議に至らなかつた次第である。

第五　外國駐在警察官設置の件

各國駐在大公使館には從來大使館付武官の設ある如くに、各國代表的警察官として警察專務官（ポリースアッタッセー）を派遣駐在せしめたいとの説もあり、又止むを得ない時には別に之に關する書記官を特設しては如何との説も出で、現に伊太利の如きは之を設置して居るのである。駐在警察官設置の趣旨は、各國間に警察上の問題を生じ、殊に、犯人引渡其の他種々警察上の事故の起りたる時に當り、駐在警察官の設あるに於ては、徒に文書照會等の爲めに無用の時間や手數を要するの煩を避け得べく、事務の處理上大なる便利があると云ふのである。又新しき警察上の施設を本國に通報するにも頗る便宜であつて、其の警察事務の發達上大に稗益する處も少くないと云ふのである。我邦でも從來外國人關係に就ては、先づ外務省より内務省を經て而して後に、地方廳に至る等、官僚的の手續は頗る煩雜を極めて居るので、將來は速に之が弊風を打破して敏活に處理するの必要がある。殊に從來東洋警察は歐米警察の實況を探知する上に遺憾の點も少くないから、此の如き施設は我邦將來の警察の發展上にも頗る裨益する所が多いと信ずる。

第六　警察大學(ポリースカレージ)設置に關する件

今や警察も他の科學と同樣に警察官を敎養すべき專門學校を設立し、高等程度の警察敎育を施すの必要があると云ふ趣旨である。

第七　萬國警察事務局設置の件

萬國警察事務局に於ては、主として各國の警察制度や新施設等を調査研究すると共に、機關雜誌を發行して國際警察會議委員會の情報機關となし、進んでは警察に關する各種の質問相談に應じ、各國警察事務の統一連絡を計りたいとの趣旨である。

以上論ずる如くに、今や國際聯盟の思想は、戰後愈々具體化するの傾向を呈し來り、從つて又國際警察の觀念も新に發生し來つたのは全く時勢の要求である。況んや交通機關の發展に伴ひ、東西の交通は益々密接となり來れる今日、思想問題を初め各種の危害防止の問題は、愈々一層頻繁となり來るのは逆賭するに難くない。從來我邦は地理上の關係が海を以て圍まれて居るから、犯罪捜査等の場合に於ても、逮捕上頗る便利を得て居つたのである。然れども將來航空機の發展等に伴ひ國際的の傾向が急轉直下し來れる以上は、我邦の警察官は殊に其の何れの地に在るを問はず、一面地方警察は勿論國家警察の事に注意し、之と同時に又國際警察の事にも深く留意する事が、時代の要求であらねばならぬ。而して之が爲めには、警察官は常に眼を海外の事情に注ぎ、其の思想問題たると、行政警察たると、刑事警察たると將又衞生警察たるとの如何を問はず、廣く國際警察に關する智識を該博ならしむる事が最も肝要である。

第六章　警察と科學的思想

我邦に於ては從來兎角理化學的の研究を等閑に附すの風があり、殊に警察界に於て此の弊の甚しきを見る。例之火藥、電氣、瓦斯、汽罐汽機の類は保安警察上極めて密接の關係を有するに拘らず、此等の理化學的方面の智識に至りては頗る缺けて居る者が少くないのである、故に此等の事に關しては、常に警察官に對し或る程度の事項は常識として實際的方面から殊に通俗的に之を注入し置くの必要がある。

巡査敎習所に於ける初任敎習や特別講習等の敎科目中にも、理化學的方面に關する事項は極めて尠く、從つて一般警察官には此等の智識が極めて乏しいのみでなく、內務省や各府縣に於て技術的方面の取締に從事する專門技術家の數も甚だ少く、中には銃砲火藥や、汽罐汽機等に關してさへ專任の技手すら配置してない縣がある。斯くの如く警察官は技術上の智識に乏しく、加ふるに專門の技術者も極めて少ないと云ふ樣の狀況では果して警察上完全な取締を爲す事が出來るであらうか。故に將來は可成多數の專門技術官を配置して、之が視察取締に當らしむるの必要あるは勿論であるが、又一般警察官に對しても科學的方面の研究を奬勵することが、刻下の最大急務と云ふべきてある。後藤子爵は曾て警察講習所の落成式に於て、盛に科學的思想の必要を論ぜられたのであるが、其の一節に

警察講習所は唯社會經濟の關係の變遷と共に必要になつて來る許りでなく、科

學的關係に於ても然るので、今日は水上警察の外に空中警察を必要とする迄に至りましたことてあります。唯飛行機許りではありませぬ、無線電信の關係に付ても亦之を必要とするに至ることは疑ないと考へるのであります。尚警察の力を深く地中に入るの必要を認むるのであります。こゝに於て警察官たる者の有すべき智識は、實に宇宙に渉つたものでなければならぬと云ふ要求を生するのであります。斯の如き事は、果して一人にて人類の出來得べきか出來得へからざるかを疑はざるを得ざる程、警察官が複雜に成つて來たのであります。即現代的智識編制を叫ぶに至つたのてあります。玆に於て警察官たる者に向つては、諸般の分科的專門的の事を敎へ、實際的に其の能率を擧げる樣にして往かなければならぬのであります。警察官の能率を擧げるに付ては、單に一面には警察官の能力を無駄に費やさしめぬ樣にすることを主としなければならぬのてあります是が卽本所の特設せらるるに至つた所以てはなからうか、而かも其の方法としては、だうしても廣義の科學的敎育が必要てあらうと思はれるのであります。而して最近に於きましては、文明の行詰りと申すべき譯合のものがあつて、精神界に於て將又物質界に於て、各國民生活上動脈硬化を起したやうな結果になつて居るのであります。此の時に當つて之を救濟する若返り法の一としては、警察の力の科學的敎育に俟たねばならぬ事は、申す迄もないことであらうと私は信ずるのであります。

と、誠に傾聽に値する言である。

近時科學の應用は、法律上にも大なる影響を及ぼした。蓋し法律は發達物であつて製作物でない以上は、科學の進步に依り種々社會的變化を來たすは勿論であつて、之が立法も亦之に順應せねばならぬ、自動車、航空機、活動寫眞等皆然りである。將來は更に科學の進步に伴ひ、水中や地下の利用が益々盛となり、鑛泉やラジユームの應用も起つて、法律と科學との關係が一層密接となつて來るのは當然である。曾て米國大統領マツキンレーを暗殺した犯人の共犯者は、氏がバツフアーローの博覽會に臨み暗殺さるる時、偶々其の光景が撮影された爲め、其の映畫中より發覺する事となつた。又之と反對に活動寫眞に依つて犯罪の嫌疑を免れた實例もあるのである。

又法律上航空機の發達と共に、航空權の問題をも生じ來つた、卽從來土地所有權の觀念は、地上と地下とに及んだのであるが、今や更に空中にも及ぶや否やの問題を生じ來つたのである。

尙近時飛行結婚や飛行葬儀さへ行はれ來りつつある米國では一層航空機と警察との關係の密接となり來つたのは當然で、將來は益々航空警察の盛になるべき事は想像するに難くない。而して之は獨り歐米のみの現象でなく、亦現に我が臺灣警察に於ても之を蕃界に應用し、又海賊の搜索等にも使用して居るのである。

內地に於ても近き將來犯罪搜查上及逮捕上之を使用するの必要が迫り來ることも逆睹するに難くないのである、從つて又空中警察區域の制定の必要なる時期も到來する事と思ふ。曾て伯林の警察は、或る犯罪人が二百萬馬を携へて汽車に乘じ、瑞西の國境バーゼルに向ふた由を聞き、三臺の航空機を以て追跡し、ニュルンブルグに於て首尾よく追捕した實例がある。又近年某大詐欺師が倫敦から巴里まで、航空機により二時間半の高速度を以て逃走したとき、倫敦警察は之を知らずして徒らに盛に各驛を搜索したと云ふ奇談もある。

犯罪人が自動車や航空機を利用する以上は、警察にも亦之が設備を必要とするのは勿論で、現に米國では航空警察として、カナダ、メキシコの國境に於ける酒類、藥品等の密輸入の監視の如き任務に從事して居る、又將來斯くの如き事は國際的にも發達するに至るべく。從つて亦國際航空警察設立の時期の到來するのも遠からざる事と信ずる。

米國では近時盛に無線電話が利用せられ、家庭にまでも廣く用ひらるる事となり、盲人は勿論目に一丁字なき者迄も、之に依り智識の收得が出來得る事となつて居る。又一ヶ所で送話すれば、其の送話器を圍む範圍は數十百哩の廣きに亙り、其の周圍に在る人々は何萬人でも容易に受話し得るのである、從つて其の效果は新聞紙の代用をもなし得る次第である。又現に米國の新聞社は盛に之を社會敎育方面に利用して居るとの事である、又カツフエーやホテルの食堂、工場、寄宿舍等にも盛に應用されつつあるのであるから、我邦に於ても將來無線電話が廣く各種の方面に使用せらるるに至るのも想像するに難くない。

現に米國では警察長官が部下に對し、命令、訓示、通牒等を爲す場合に盛に之を應用して居るのである。

又紐育警視廳は多數の警察講習生に、電信、電話の研究を爲さしめ、卒業者を同市の各警察署に配置し、犯罪檢擧及各種の行政警察の方面に之を應用し、盛に能率を増進せしむべき方法を採つて居る。

又米國では郡部警察官は小銃と拳銃とを携帶しつつ、數日間も乘馬で警邏をなして居るが、警察署長よりの命令は馬上無線電話の小なる受話器に依り、容易に之を聽き取る事が出來得るのである。

斯くの如くに今や盛に無線電話の利用せられんとするの時に當り、將來之を治安妨害又は風俗紊亂の用に供せらるる事とならんか、其の害毒の及ぶ處は極めて甚大である。故に之が取締上にも大に留意する所がなくてはならぬのは勿論である。

維納大學のスペル教授は曾て科學上より法律の實地的研究の事を企畫した、卽民商法に關する證書、書類、公文書、其の他證券、帳簿等を蒐集し、敎育の目的に應じ精密なる選擇分類を爲し、之が實地應用の有樣を知らしむるに努めたのである。而して其の自的とする所は、學生が講義に於て聞知せるものに就て、再び實物敎育を施さんとする爲めである。

今や法律智識の應用の科學的に進化するに至りたるは、時勢の要求で、警察行政も亦其の各種の方面が擴大され來れるの結果は、所謂警察の科學化と云ふ事も自然に高唱せらるゝ事となり、從つて又警察の科學的研究方法も頗る必要の事となり來つたのである。恰も法律の研究方法中、民法の如きは判決を以て敎材となすに至り、又刑事法研究の如きは特に刑事研究室を設け、大に實際的方面と連絡を取つて居るのである。南波法學士の刑事學の敎授方法の如きも、活きたる研究方法の一として時勢に適せるものと稱すべきものであつた。今試に警察と科學的智識の關係に付少しく之が要領を說述すれば左の如くてある。

（イ）火藥類

火藥類の取締は保安警察上極めて重要の事に屬し、我が取締法令に依れば、火藥類中には火藥、爆藥、火工品の三種があり、此の三種は其の組成分と爆發又は發火の際の現象等により更に幾多の種類に細別されてある。此等各種類每に其の原料、製法、性質、用途等の大要に通ずる事は、之が取締及災害豫防上極めて必要の事である。併し此等の事項は何れも高尚なる理化學に屬し、之が研究は容易の事ではないが、一般警察官は尠くも其の大要に通じ居るの必要がある。

（ロ）石油

今や空中には航空機が横行し、地上には極めて多數の自動車が疾走する時代となつた。而して此等の原動力は悉くガソリンを燃料として居るのである。又外國では汽車、汽船の燃料も、漸次石油に變化しつつあるの狀況で、實に石油は將來世界的の原動力となりつつあるのである。石油取締規則は、明治十六年二月太政官布告第六號に依り制定されてあつたが、頗る不徹底のもので、曾て東京に於ける火災は、之に起因するものが尠くなかつたので、余は警視廳第二部長たりし時代に、池口藥學博士と共に之が起案の任に當り、明治三十七年十月稍具體的に取締規則を制定し、就中引火點、發火點の異るに從ひ、其の危險の程度も同じからざる故其の精製場、貯藏場又は詰替場等の構造設備に付きても、多大の注意を拂つた心算である。

(一) 電氣瓦斯

電氣、瓦斯等は現代生活と實に密接の關係を有し、今や家庭も漸次瓦斯化し又電化されんとするの時代である。而して漏電、感電、瓦斯の漏出等幾多注意を要する問題があり、又近時壓縮瓦斯、液化瓦斯等が盛に醫療用其の他各種の工業用に應用せらるるに至り之が製造、瓶詰又は詰替等より生ずる災禍も少くない。然るに此等に對する一般國民の智識は頗る缺けて居るから、之が指導者たる警察官は、特に此等に關する大體の智識を有する必要がある。

(二) 火災警察及消防

火災豫防及消防は國民の安全生活の上に至大の關係を有するものなる事は勿論であつて、而かも之が目的を達する上には、科學的智識を必要とするのである。而して所謂火災警察は、火災豫防の爲めにする警察であつて、例之引火し易き物の近傍に於て濫に火を焚く行爲(警察犯處罰令第三條第五號)又石灰其の他自然發火の虞ある物の取扱を忽にする行爲(同第三條第六號)の如きは、何れも皆法規の禁止する處である。而して引火し易き物とは石油、爆發物等の事であつて、殊に將來各種工業の發達に伴ひ、火災は度々起り易き事故、科學的智識の必要は愈々切なるものがある。

我邦でも從來危險物に對しては、警察上特別の取扱を爲して居る。卽危險物とは其の性質上危害を生ずるの虞ある物品て、火藥、爆藥、火工品、毒藥、劇藥等の類てある。

又建築警察は火災豫防の目的を達する上に於て最も必要てあるから、建築上種々の制限を爲すは當然て、曩に都市計畫法の發布に伴ひ、大正八年四月市街地建築物法が制定せられ漸次建築警察思想の普及しつゝあるは喜ぶべき現象てある。次に消防と科學的智識との關係を論ずれば數限りがない、例之水の壓力の問題の如きも、平素より水の壓力如何は大に之を研究し置くの必要がある。殊に今日の如き消防器具の向上發展を期すべき時代に於て、最も緊要なるを認むるのてある。又火災原因の研究も殊に科學的に行ふの必要がある。歐米ては電氣瓦斯等の外煙突の破損、マッチ、暖爐の不始末が火災原因中主なる地位を占めて居る。又ロンドンの火災防止委員會も、此等の原因に付き平素十分なる調査を爲して居る。

如何に消防職員が熱心に消火の爲めに努力するも科學的智識なき時には往々最大の危險に陷るのは當然にして、殊に火に於ける危險は熱と瓦斯とに依りて生ずる事が多いのである。

又火災を起した時には殊に速に火の精確なる位置を認知し、防火上直に隣接せる物品を處理すべく、從つて又水を注ぐには火の全體の位置に注目し、火災の中心點に勇往奮進すべき事か必要である。火に對する水蒸氣の作用は之が膨脹力の爲めに空氣中の酸素が驅逐されるから、火は酸素の缺乏の爲め消滅する事となり、高壓の水蒸氣は一層有效の事となる次第である。

又炭酸瓦斯、アンモニア等は、何れも或る特殊の火災例へば船舶の火災の時などに用ゆれば、水蒸汽以上に有效である。

斯の如くに消火と化學的智識とは實に相離るべからざる關係があるのであるから、藥品消火器の如きも、余が警視廳第二部長に在職中、東京に於て初めて熱心に宿屋、劇場其の他の場所に備付くべく奬勵したのであるが、ガンブル氏も言へる如くタンクに重炭酸曹達を含む水を入れ、加ふるに硫酸を容るる壺を以てし、此の壺を破り又は覆して酸が水中に注入されると、アルカリに對する酸の作用よりして、タンクから相當の力を以て放水するに足る。十分なる壓力を以て炭酸瓦斯を發生するのである。

又乾燥消火劑として砂が用ひらるが、之は機械類には有害であつて、砂を用ゆるのは空氣中の酸素を絕つ事に依りて消火するのが目的である。

アスベスト(石綿)布も余の渡歐當時より既に廣く消防界に行はれ來らんとしたる徵候があつて、當時に於て既に小劇場の幕などにも用ひられて居つた程であつたが、之は液體の火災を消すに頗る有效のものにして、又此の布を以て空氣中の酸素を絕ち消火し得る次第である。

其の他ガソリンやセルロイドの火災原因も少くない、殊に近時は自動車が街路で火災を起す場合も多いのである。此の場合には給油栓を閉ぢて送油を斷つべきであるが、若し之が出來ざる時には、ガソリンや石油は擴り易いから、乾いた砂又は土を撒くの必要がある。殊に活動寫眞用フイルムはセルロイドから製作されてあるので、水で消火する時は非常に濃厚なる瓦斯を發生するばかりなる故、完全に冷却すれば消火し得るも、之が爲めには多量の水を要する次第である、故に寧ろ自然に燃え盡さしむる方が便利なる場合もあるのである。英國では活動寫眞取締法に依り、火災防禦用に供する爲め、濡れたる毛氈を作業室に備ふる事となつて居る。

又工場中綿、亞麻、羊毛等の如きものは、其の物質の可燃性なると、室內の高溫度なると、又工場內に浮動せる有機性粉末等の爲めに頗る危險である。殊に製粉工場は何れの國でも其の性質が危險である。余の愛知縣在職中熱田地方に於ける經驗に照すも、度々火災に罹りたる事實がある。畢竟するに此等は可燃性なる有機物質を含む爲に危險なので、卽一度引火すれば忽ち四方に擴がるべきものである故に、歐洲では消火上の設備としてスプリンクラーの裝置も奬勵されて居る次第である。

其の他鐵道消防(地下鐵道をも含む)鑛山消防、山林消防、船舶消防(殊に積荷には火災上危險の物も尠くない)等特殊消防に就ては、殊に各專門的科學的智識の必要なることは今更言ふまでもない。

（ホ）衞生警察に屬する事に付ても、其の科學的智識を要する事は理髮營業の如き、飮食物及飮食器具の取締の如きを初め殆ど數限りがない。卽理髮營業に就ては、公衆衞生上至大の關係を有するから、各種の疾患ある者をして之に從事せしめ得ざるのみならず、就業中は淸潔なる被服を着用し、且つフォルマリン、石炭酸水等の藥品を以て、器具を洗滌せしむるの必要がある。又飮食物及飮食器具の取締に就ては、明治三十三年法律第十五號を以て之が規定を設けられ、衞生上有害なる飮食物又は飮食器具の取締を爲すに至つたのである。

其の他傳染病の取締、汚物掃除、下水取締、墓地及埋火葬の事を初め、醫師、藥劑師、藥種商、製藥者等何れも科學的智識を要することは枚擧に遑がない。

（ヘ）又刑事警察に就ては、今や犯罪搜査の上に於ても從來の如く獨り常識のみを以て解決するのは頗る困難であつて、科學的搜査法に依つて其の目的を達せなければならない。況や文化の進歩と共に、竊盜、强盜等の强力犯に比し、詐欺、橫領等の智能犯が著しく增加し來るに於ておやである。而して智能犯が多くなる以上は此等の犯人が科學的方法を利用するのは當然であつて、刑事警察の方面も之が思想を注入する事は目下の急務である。殊に刑事警察上最も注意すべき事は理化學的鑑定、例之毒殺の場合に於ては化學者を要し、銃殺の場合には銃器の威力に付き物理學者を要し、血痕、毛髮等の遺留品に付ては動物學者等、總ての方面に對して專門的智識を要求して居る次第である。

斯くの如くにして歐洲に於ては、犯罪搜査が著しく科學的となつて來たのは、此の十數年來特に著しき現象である。就中獨、墺、佛、伊等の如きは殊に此の點に多大の注意を拂ふて居る。而して之に關する研究は、警察社界より起つたのでなく寧ろ大學より發生し來つたのである。即墺國グラーツ大學の故ハンスグロース博士やローマ大學のアルフレッド、ニチエホラ博士等は、特に科學的研究の主唱者であつて、又之が擔任教授であつたのである。尚此等大學には之に關する特別講座を設け法律家、刑務官及警察官等となるべき人に對し教授をなすのである。就中グラーツ大學の之に關する勢力は頗る顯著なるものであつて、故グロース博士は極めて複雜なる犯罪問題を解決する上に於て、最大の熱心と注意とを拂はれたのである。博士は一九一五年十二月逝去せられたが、實に刑事科學の權威者にして且つ之が創設者である。

犯罪捜査上注意すべき點は、佛國人ベルチロン氏の人身測量法て、其の鑑識上世界に貢献したる事は實に偉大なもので、我邦でも故川路利恭氏、岡田朝太郎博士、故大場博士等之を研究した人も少くない。今や歐洲に於ては一般に指紋法が行はるる事となり來りたるも、尚人身測量法も其の效果を擧げて居るのである。

指紋法（フィンガープリンチング）は種々の變遷もあるが、千九百年頃初めてロンドン警視廳に於て之を行ひ、當時の警視總監サー、エドワード氏は其の成績の特效に付、余に誇る所ありて、余は我國人中初めて總監より指紋法に關する著書を得たる一人である、其の後留岡幸助氏も倫敦警視廳に至り之を得たる事がある。

指紋法は其の後余の知人漢堡警察の故ロッセル博士の研究に依り、ロッセル式の方法も發明されたが、平沼博士は歐洲に遊び深く之を研究し、終に我邦に之を應用する事となり、以て今日に至りたのである。而して今や又丁抹コーペンハーゲンのジョルゲンソン博士に依り、國際的指紋法の説さへ唱へられ、頗る世界の注意を喚起しつつある實況である。

又米國加州バークレー市の警察に於ても、刑事警察の實質上指紋の分類や、文字の鑑定や、血壓試驗等に依つて犯罪人を試驗して居るのである。殊に前警察長ウォルマー氏は、科學的教育に最も力を用ひ、執務上にも盛に之を利用して居る、例へば卓上に於て一度スウィッチを動かせば、忽ち全市の警察官を呼出して自由に通話し得るが如き裝置をも實行して居るのである。

余が曾て歐洲を視察した際に於てすら各國警察は既に最も熱心に科學的犯罪捜査には多大の注意を拂つて居つたのである。巴里、漢堡は勿論殊に維納の警視廳刑事部に於ては多數の大學出身者が各犯罪別に分擔し、最も熱心に實際的且つ組織的に活動して居る狀況を目擊し、深く感じたる次第である。

尙刑事警察の研究上注意を拂ふべき事は、警察犬殊に刑事犬の事である。歐洲では戰前より盛に研究せられ、獨逸の如きは戰前より警察雜誌上に每號之が記事を掲載せられ、又之に關する著書も少くない。又警察犬協會等を設立し、其の他飼育方法等が具體的に講究せられて居る。

要するに科學的智識は、警察上何れの方面に於ても一日も缺くべからざる事は、恰も人身に空氣の必要缺くべからざると同樣である。而して此の方面が發達すると否とは實に警察能率に至大の關係を及ぼすものである、故に徒らに多數の警察官を有するも、組織的、科學的智識を缺くに於ては、毫も警察上の進歩發達でを期する事は不可能である、歐米の警察が我邦に勝れるは、實に此の點に存するのある。我邦警察は精神的方面に於ては、決して彼等に劣るものではない。故に將來は警察の何れの方面たるを問はず、益々熱心に科學的智識を注入してこそ、ここに初めて我邦の警察をして世界に雄飛せしむる事も出來得る次第である。

第七章　警察敎育の作用

ここに警察敎育の作用と稱するのは、獨り警察官に對してのみでなく、廣く民衆に對し警察の何物たる事を了解せしむべき方法をも包含するものである。而して所謂警察敎育の作用としては、養護、敎授、(感化、宣傳)訓練、訓示(告示、告諭)巡閲、(巡視、警邏、監察)。指導等の事は何れも皆必要のことに屬するのである。

第一節　養護

養護とは警察官の身體の發達を期する爲めに、勤務方法及休養等のことを考慮すべきことである、歐洲では消防手の爲めには夙に消防醫の設があつて、消防上より生じたる病因を專門的科學的方法に依り、調査研究して居るのである。又警察官の能率を增進する爲めには、警察署、巡査合宿所其の他各種の設備の爲めに意を用ふるの必要がある。而して此等の事は一として警察官の養護上に直接、間接に影響を及ぼさざるものはない。然るに兎角我邦今日の現狀は此等の點が歐米に比し概して不完全なる點あるは頗る遺憾千萬である。又青年團や少年團の訓練に於ても平素體操水泳其の他の方法に依り、一朝水火災等の場合に於ても、活動上遺算なきを期したいものである。

第二節　敎　授（感化、宣傳）

警察官に警察上必要なる智識を授くる事の緊要なるは勿論、又外界に於ける各種の事物や設備等をも見聞せしめ、活きたる敎授方法を講ずることは、獨り警察敎育機關に在學中のみならず、廣く實際執務の傍、平素に於て常に注意を拂はねばならぬ。

教育者が教授中に權威の行使方法として、生徒に體罰を科する如きは、却つて生徒をして、永久に怨恨の念を生ぜしむるものであるから、之が實行に就ては、寛嚴宜しきを得ねばならぬのは勿論である。概して米國の兒童は悠然として萎縮して居らぬのは、是れ獨り教授方法の然らしむるのみならず、又監督の場合に於ける處罰方法が、寛嚴宜しきを得て居るからである。而して信賞必罰といふことは、監督官の權威の行使上最も緊要なる問題であることは勿論であるが、教授が生徒に對する監督權の作用も亦其の意義を沒却してはならぬ。

教授の眞意義は、生徒をして自律せしむるのにある。獨逸では教授の事をウンテルリヒテンと云ふて居るが、其の意味は下に向くの義であつて、命令、服從の意である。更に詳言すれば、即教師より注入するの主義で、教師は之を授け生徒は之を受け入るるの趣旨で畢竟舊式方法である。之に反して現時の教育方針は、生徒をして自ら研究せしむる、所謂學習（レルネン）で、結局生徒の學習力を認むるの趣旨である。而して概して獨逸流は形式主義に失し、米國流は活用的である、我邦の警察教育にも、米國的の長所を參考とするの必要がある。

敎授の方法は種々ある、叙述式、指示式、啓發式等の類である。叙述式は叙述して敎ゆるのである、指示式は實物又は標本等を指示して敎授するの方法であつて、巡査敎習生等に對しても應用すべきものである、啓發式は被敎育者をして、自ら悟るべく對話中等に於て自然に啓發せしむるの方法である、而して此點は民衆に對して警察の思想を注入する上にも必要にして、殊に犯罪人の感化方法の如きは亦此の方法によるべきである。

其の他敎授方法には、共同研究式等の類もあるが、敎授の任に當る者は、能く時代に應じ之を利用して指導すべきものである。又民衆に對し警察の思想を宣傳する方法も其自覺を促すべき精神に至りては前述と同樣である。

第三節　訓練

訓練とは俗に所謂躾（シツケ）のことであつて、家庭、學校、社會等に於て、平素より善良なる習慣を養ひ置くことである。警察官には、殊に平素に於て實踐躬行の美風を起さしむる樣努むることが最も急務である。又國民に對しては、平素に於て殊に社會的訓練を施すことが必要である、交通道德や列車內の秩序の維持の如きも、殊に公德上の見地より大に奬勵するの必要がある。此の意味に於て、自衞團、保安組合、安全協會消防義會、交通道德會、衞生組合等の團體に對しては、警察官は何れも皆健全に之を指導するの必要がある。又民衆方面に於ても、我國情としては、殊に平素警察官との連絡を採り、自警思想を養ふことが刻下の急務である。

訓練には積極的と消極的との兩方面がある、卽前者は良習慣を作り、後者は惡習を破ることである、而して其の後者の方法としては、例へば性行不良の者に對する訓練所の設が必要である、卽怠惰者(乞丐、前科者の類)を收容し訓練するの類である。伯林にも夙に强制勞働院の設あり、臺灣に於ても之を設けて居るが、現に米國市俄古の郊外にも、訓練所の設があつて、兩親や、學校や、警察等から連れ來れる者を收容して居る。卽家庭に權威を缺き訓練を遂行し得ざるが故に、此所に收容し感化矯正するのであつて、斯くの如き特殊の學校は、學校全體を一家庭と認め、校長が父となり、其の妻が母となり、極めて自由的に訓練するの趣旨である。

我邦でも留岡幸助君の家庭學校の如きは、全く此の趣旨に出たものである。市俄古ては校長自ら從順を目的として訓練して居るが、又一面に於ては體育上より軍除的の訓練を行ひ、且つ三度以上も命を奉せざるものあらば、校長自ら體罰を加へて長鞭を用ゆるのである。獨逸ハイデルベルグ大學には、有名なるカルチエルの制度ありて、學生中に不良行爲者あらば。此の留置室に拘束されて自由を奪はるるのである。

小人は閑居すれば兎角不善を爲すが故に、其の不善の出來得ざる樣に、業務を課し、放課後は兒童をして自ら娯樂の方法を講せしむる等、次から次と活動的方案を考出せしむべく指導する事が最も必要である。元來不良少年と雖遂に自覺するに至れば、自然に從順になり得るものである。而して之が訓練の根本義は、自律に志さしむる事である。例へば禪宗に於て見性の場合に足音にて其の人物を看破されると同じく、米國に於ても食堂に入る前に、足元が靜かならざれば之を入れず其の命を奉ぜざるものは戸外に立たしめて、永き間祈禱を行はしむる等の方法を採つて居る。而して訓練には敎育者の誠意と云ふ事が最も必要である。斯くて數ヶ月間修養の後之を兩親の許に歸し、尙矯正の出來ぬ者に對しては、更に數ヶ月間訓練し、夫れても尙遷善し得ない者に對しては更に一ヶ年間收容するのである。而して夫れでも尚矯正し得ざる時には遂にこゝに始めて感化院に送ることゝなつて居るのである。我邦に於ても最近少年矯正院の如き、少年感化の設備を見るに至りたるが畢竟訓練の必要を自覺し來りたる結果である。

要するに訓練には恩威並び行はれると云ふ事が必要である。殊に威力の必要の事を忘れてはならぬ、米國では卽時に惡習慣を取除く爲めには、破壞的訓練、をも行ひ、生徒を鞭つこともある程である。併し教育家は其の性質上飽くまでも、胸中には人間愛と云ふ事を包藏せねばならぬのは勿論である。

第四節　訓　示（告示、告諭）

訓示は警察上最も必要のことに屬し、殊に警察官吏は之に依り初めて上官の意志を察することが出來るのである。然るに往々監督官が、管内の實況や部下の心理狀態等に徹底せざる爲め、活訓示の材料に苦しみ、甚だしきは部下をして其の材料を提供せしむる爲めに、訓示が徒らに形式的となり、少しも其の精神が巡査に徹底せぬ事も尠くないのである。余の警察署長としての經驗に依れば、訓示の材料は寧ろ多きに苦んだ程である。何となれば警察官吏の報告材料は勿論、巡視中の見聞事項の如き、其の他四圍の環境は悉く是れ訓示の活材料を以て充されて居る。此等の材料を以て警察官吏を刺戟し、ここに初めて誠意も部下に通じ、活きたる訓示をも實行し得る次第である。要するに訓示は其の局にある者が、平素より充分に日常生活に通じて居る事が必要で、斯くてこそ其の材料も無限である次第てある。

訓示に付き殊に注意すべき點は、上意下達の事で、苟も訓示を行ふ者は克く上官の精神を味ひ、徒に形式的に失することなく、之が實行方法に就て多大の注意を拂はねばならぬ。又訓示は常に其の效果如何に留意し置くの必要がある、效果のない訓示は、何等の利益もないのである。

又訓示は事務上に關するものの外に、特に精神修養上の訓示を爲すの必要がある、殊に警察精神に關する訓示の材料としては、故川路大警視の警察手眼、ダンニングの警察教科書等は勿論、特に我邦に在つては教育勅語、戊申詔書、軍人勅諭國民精神作興に關する詔書等に就て、最も重きを置かねばならぬ。

又知事、警察部長の警察署長會議に於ける訓示も、一層之を具體化せしめ、能く上官の精神が一層深く警察署長の腦裡に徹底するやうに工夫するの必要がある。

官吏に對する訓示の徹底と同一精神に基き、官廳の意志が常に民衆に徹底する事が必要である、殊に地方長官は府縣令、告示、告諭等の形式を以て、警察上の注意を外部に發表することがあるが、兎角民衆は其の意の通じ難い事も多き故、最も通俗的の手段に依り、之が徹底を期する事が最も急務である。

北條泰時の制定せる有名なる貞永式目や德川時代に盛に行はれたる五人組規定の如きは、後世に於ては之を壁書となし、又は手習草紙となす等、大に民衆的に法文の周知を計つたものである。古代に於てすら既に此の如き狀況であるから、今日の時代殊に警察の如き、民衆の日常生活に直接の利害關係を有するものにあつては、極めて平易なる文字を用ゆる等、要は通俗の方法で充分に警察の趣旨を民衆に普及徹底せしむるのが急務である。明治五年には、警察犯處罰令に該當する違式詿違條例の設あり、之が罪目に對しては、府縣每に繪本を以て叮嚀に各條を說明したもので、如何に法文の徹底に付、民衆的であつたかの一斑が窺ひ知られるのである。

余は地方長官時代盛に演說又は印刷に依り、縣政の方針を宣傳したが、當時或方面には多少の批難もあつたが、余は誠意を以て之に當つた積りである、新聞や政黨が自由に其の意見を發表するが如く、地方長官が自己の信念を一般に普及せしむるに於て何の憚る所はないと信じたからである、其の後果して大隈首相の如きは鐵道停車場に於てすら民衆に對し施政の方針を示された程である、余は此の意味に於て當局が益熱心に自己の所信を發表せん事を希望して已まざる次第である。

第五節　巡　閲（巡視、警邏、監察）

巡閲でも監察でも兎角すると往々形式に失するの弊がある。而して之が爲には特に巡閲の任に當る者は、其の人を選ばねばならぬ、殊に巡閲總指揮官の如きは大局より達觀して斷案を下さなければ、往々過誤の判斷に陷り易いものである、兎角實務に經驗なき者は、同情の念に乏しく只自己の淺薄なる智識と薄弱なる經驗の範圍内に於てのみ速斷し、徒らに書類の形式の末のみに拘泥する如きは、其の判斷力に於て正鵠を失することが少くない。

巡閲は監察と同樣に、指導的方針に依らねばならぬ。然れば結局之が爲には巡閲者や監察官には、一流の人格者を以て之に充つるの必要があるのは勿論である。

巡閲及監察の警察上必要なることは、ここに論を俟たざる所なるにも拘はらず監察に關する官職が從來往々行政整理等の問題となる所以は、一には監察の本義が一般に克く了解せられざることと、其の職責が他の反感を買ひ易きと、又往々其の監察の方法に於ても缺陷ある等、種々の原因に基くのであるが、其の組織と人選宜しきを得ば、能率發揮上多大の效果あるは言ふ迄もない。故普國警察大尉へーン氏が曾て府縣の警察を巡視し、善事は之を賞し惡事は之を戒め、一々內務大臣に報告し多大の貢献をなしたるのも、畢竟氏の人格と經驗との結果に外ならぬ次第である。

英國の警察監察官の任務は、其の效果頗る著しく、殊にダンニング氏の如き、監察官として其の威望隆々たる所以は、畢竟其の人の經驗と人物とに歸着せねばならぬ。蓋し英國では、警察の報告は之を議會に提出する故、其の監察の效果は頗る顯著なるものであつて、其の結果警察改善上に資する事も頗る多い次第である。殊に英國では議會を通じて警察報告をなす故、國民に警察思想を注入する上に於ては頗る便利の點がある。併し我國は彼と國情を異にするが、將來警察に對する國民の了解方法は、一層適當に之を發展せしむるの必要がある。

巡視も巡閲や監察と同一精神でなくてはならぬ。警察監督官の警察署や巡査派出所や駐在所等の巡視方法は、從來兎角形式に失し易きもの故、將來は大に内容の充實する樣、實際生活に觸れたきものである。

殊に警察官吏の巡邏、查察の目的は民衆生活の核心に觸れねばならぬ、斯くてこそ始めて巡邏の效果の大なる事も想像するに難くない。英國では巡邏と民衆生活とが能く一致せる爲め、民衆も事あれば直ちに自ら進んで之を巡査に報告する次第である。我邦でも此の如き場合には殊に溫情を以て之に當り、後日迷惑とならぬ樣注意せざれば、却つて反感を買ひ、訴へ來らぬ事となる。余の警視廳在職中の經驗に依れば、民衆は度々快く交通上其の他の危害に付き密告し來りたる故、余は直に之を處理したので頗る好結果を得た事がある。又民衆側に於て注意すべき點は、警察に對し干涉的態度を以て當る故、却つて警察官の反感を買ひ不愉快なる結果に陷る事も少なくない。

第六節　指導

敎育上家庭に於ても、社會に於ても、上長や老人等が豊富なる經驗により指導することは最も必要であつて、其の效果は敎育專門家の敎養に比し、決して劣るものではない。此の意味に於て例之老練なる刑事巡査の經驗談も、無經驗者を益することが多いのである。我邦將來の警察界には大に此の指導主義の思想を注入することが時代の一大要求である。

所謂指導方法は種々ある。或は考案すべき端緒を與へ、或は敎へずして自ら案出せしむる等、其の人の性質を見て指導方法を講ずべきである。然るに我が警察界には遺憾ながら由來此の點が缺けて居るのである。卽巡回線路の監督や營業監督の如きも動もすれば形式に失し易き弊がある。

萬一指導者に其の人を得ざれば、却つて弊害を生ずるが故に、警察官の素質の向上が最も必要なると同樣に、監督者の實力養成が必要である、而して之が爲めには監督者の敎養が最も急務である。又警察官は民衆に對しては、常に內に指導的の誠意を包藏せねばならぬ。此の意味に於て警察官の憤怒は古來より大禁物である。

警察官は法律上人の自由を制限する者故、必要の場合には從來に比し一層强大なる權力の應用者であらねばならぬと同時に、一面警察官は敎育的指導者たらざるべからずとの要求は、漸次社會警察の發達し來らんとするの今日に於ては、殊に其の緊要なるを認むる次第である。唯ここに注意すべき點は、人智の發達せる今日、警察官が民衆を指導すると云ふが如き辭は、時代錯誤に似たれども、余の精神は親切叮嚀主義に立脚する者故、徒に其の文字を咎むる勿らん事を望む次第である。

指導者には權威が伴はねばならぬ。然るに近時の現象は、敎育者と被敎育者との關係が、昔時の如くに密接でない。之に反し昔時に在りては、敎育者は被敎育者に對し何事でも、解決し得るだけの權能を有して居つたのである。併し現時に於ても、軍隊敎育や警察敎育等特殊關係の敎有に從事する者の如き、殊に規律、訓練を旨とする性質の者に在つては、他に比して權威と云ふ事に就ては、注意を挪つて居る點があるが、之は獨り此等の社會のみならず、廣く一般敎育者や、監督者や父兄等に就ても同樣に必要である。

次に敎育に最も必要なることは、被敎育者の謝恩の觀念である。是れありてこそ始めて敎育者に對する敬愛の情をも生じ、玆に又自然に敎育者に對する權威をも生じ得る次第である。今や謝恩とか報恩の觀念は、舊思想であるかの說をなす者も少くないが、謝恩も或意味に於ては權利思想である、何となれば報恩の思想なき者は禽獸に均しく人間ではない故に、恩に報ゆるは人間の獨立自尊の權利思想とも稱し得べきである。

併し教育者の方面にありては、之と同時に教育の根本問題として、十二分に愛と云ふ觀念を忘れてはならぬ。而して此の觀念は監督者が部下に對しても亦警察官の民衆に對しても同一の關係であらねばならぬ。警察官が常に心中に一日も人間愛と云ふことを忘却してはならぬ趣旨も、此の點に存する次第である。近事文部省に於て實業補習教育の科目中に警察、衞生等の事を加へたるは時代の要求にして余の夙に唱道し來りたる所が終に實現されたのは、公民教育上の慶事である。

第八章　警察訓育

團體には必ず團體の精神と云ふものがあるから、國民には國民精神があり、軍隊には軍隊思想がある、警察に警察精神のあるのも當然である。畢竟其の團體に通ずる精神に依つてここに各其の團體が統一せられ得るものにして、警察社會の振興も警察精神の作興に依りて期し得らるる次第である。

警察訓育の大精神は、警察精神を喚起するのが根本義である。併し之が方法は警察官が日常生活に迄注意し、例之日常の電車の乘り方、居住、家屋内の行動等苟も平素公德上に於て流石は警察官であるとの批評を受くる樣實踐躬行することが、何よりも急務であらねばならぬ。

從來兎角警察の事を解するには、之を法律的の方面ばかりから觀察して道德的方面を忘却するの弊がある、殊に活社會に於ける人間愛の方面を無視するが如きの弊害は、大に之を打破せねばならぬ。而して警察訓育の趣旨も、畢竟人間の機微に觸るる精神生活の方面に注意することを以て第一義とするのである。

警察訓育上等閑に附すべからざることは、常に警察官に緊張味を有せしむることであつて、之には言ふ迄もなく常に警察官の士氣を鼓吹すべく努めねばならぬ。從つて警察の監督者や警察敎養の任に當る者には、常に鞏固なる信念と實力とを有せしむる事が必要て、之が爲めには警察官に常に正氣の觀念を注入し置くことが肝要てある、而してここに所謂正氣とは卽正義の觀念である。

余の經驗に依れば、警察訓育の事は徒に何等の話題もなくして講述するのは、未だ徹底的に通ぜざるの嫌がある。卽古人の言を話題とし若くは之を引證することは、自己の經驗說を述ぶるに當りても大に權威を添へることとなる次第である。殊に孔子の論語の如きは常識を養ふ上に大なる價値があるのであるから、論語と警察との關係は、我邦警察官としては最も趣味津々たる問題である。余が曾て警察講習所に於て一ヶ年間此の問題に付敎養を試みたのも、此の趣旨に外ならざる次第である。

併しここに注意すべき點は、論語中には今日の時代に適合せざる言も尠くないから、文句に就ては大に之が選擇を爲さねばならないのは勿論で、又之が說明の方法も、時代を達觀して之に適應すべく、活きたる解釋を施さねばならぬのは言ふまでもない。而して論語を讀むには、孔子の說の根本義を硏究し置くの必要がある。卽孔子は經濟を輕視し又は法規を無視するが如き人ではない、唯當時法治主義の弊は、往々民免れて恥なきに至つたのであるから、孔子は深く之を慨嘆したるの餘、實際的道德のことに付き敎訓せられたのである。

今日世界の大勢は、法律と道德とは互に相提携すべきの必要生じ來り、法律は道德化し道德は法律化し來つたのである。故に現時の警察も法治國家の弊に陥らざる樣、常に一方には道德の事を考へねばならぬのである。例へば犯罪人を取扱ふ上に於ても、警察官は常に同情心と云ふ事を失ふてはならぬ。而して所謂道德の觀念には、仁と云ふことが必要で、又法律の觀念には、義と云ふ事が最も緊要である。而して此の仁義の兩者が互に相提携して、ここに始めて健全なる社會共同生活も營まれ得る次第である。即仁とは同情心や愛情心が本で、義とは義勇心が基礎である。

而して仝體人と云ふ文字は、互に相助くるの義で決して孤立てはなく、即互に相支へて居るの意を表はし、所謂相互扶助の意味を含んで居る。東洋哲學の權威者たる服部博士も、仁義の意義を解して、「仁とは人と人との融和を意味し、義とは之に反し一刀兩斷的に人と我との間を立割るの意である、故に人間は心冷靜ならざれば勇なる義も生じ得ざるものである」と言はれて居るが、警察官の如きは殊に其の職責上此の義と云ふ事には十分の注意を拂はねばならぬ。要するに義には自ら差別の觀念を含み、嚴正の意味を有して居る而して、法律や警察は人の權利や國家の權力等に關するもの故殊に義の觀念を含んで居るものである。而して孔子の教は此の仁と義の上に存在するもので、兩者が互に相提携し仁の上に義の存する處に其の眞意義があるのである。警察も亦社會の共同生活を前提とせる、仁なる人間愛の基礎の上に存在すべきものである。余は平素我邦の警察精神を論ずるに當り、智仁勇なる我邦の國體の觀念を以て、警察の三大綱領と稱して居る、卽科學的智識を初め各種の法律的智識等の注入は智の問題に屬し、又勇は義にして卽正義の觀念に立脚すべき警察權力應用の問題である、尙仁は卽人類愛や人間愛を意味して居るのである。而して智と勇との兩者も或意味に於ては、畢竟仁なる人間愛を行ふの手段の爲めに存するとも稱し得べき次第である。

尙勇の系統に屬すべき警察權力の正義の觀念も、一層深く之を研究し置くの必要がある。卽同じく權力なる義を行ふ上に於ても、其の內面に於ては仁と云ふ事を忘れてはならぬのである。此の意味に於て、警察官は犯罪人に對し常に仁なる慈悲心を抱藏せねばならぬ。何となれば實際生活上、獨り法律や警察の力のみを以てしては、到底犯罪人を防止し得ざるは勿論である。而して全體共同生活には、相互間の道德的結合心が必要であつて、殊に我邦には此の道德的連鎖が國體の基礎を爲して居るのである。故に萬一警察官が權力其のもののみを以て、警察の天職なりと解するときは、大なる誤解である。卽我國體は敎育勅語にも宣はせ給へる如くに、德を樹つる深厚の國柄である。警察の根本義も之と同樣に、人間愛なる道德を維持する手段として存在するものである、例之尙武の氣象と云ふ事は我が國民精神として は重大なる事柄である、而して其の眞意義は、萬一我邦に危害を加ふるものあるに於ては、ここに始めて武力を用ふるの意義であつて、平素に於て武備の必要なるは勿論であるが、之が應用上に付ては十分なる注意を拂はねばならぬ。畢竟武の意義は戈を止むるの意であつて、尙武の意味は其の必要ある時に於てのみ、之を用ふるの意に外ならぬのである。警察の精神も亦之と同樣であつて、警察が人の自由を制限し權力を應用する其の最後の目的は、國家の治安を維持する爲めに存するものて、現時歐米に於て豫防警察の事が、警察官の根本任務であると唱へられつつある所以も、畢竟此の意に外ならぬ次第てある。

昔釋尊は人類の醫王として、恰も醫が病者を治めるが如き、業果（ゴウクワ）の原理を以て人類生活の何物たるを說き、盜難、殺傷其の他人類の罪惡行動は全く人間の迷の爲めより生ずるものであると斷言し、而かも其の慈悲の根本精神より深く之を悲みたるの結果は、其の悲みが現はれては、大本願の抑止の言と爲りたるのである。卽其の意味は恰も母が其の子の盗癖を悲しむの餘り、之を追放するのは畢竟誠意ある訓戒の心より來れるものなると同様に、此の抑止の戒の內には、其の母の慈愛心として、他の一般兒童に對するよりも、最も深き慈愛の心を包藏して居るのである。卽之と同一理で人類社會には或は危險の思想を抱き、或は罪惡を犯し、或は各種の妨害を爲す等社會の危害を惹起する者が少くないので、之に對し當然社會の安寧秩序を維持する爲め罪惡を防禦するの必要があるのである。何となれば若しも之を其の儘に放任し置くときは、世は自ら暗黑となるからである。是れ卽釋尊の所謂抑止の意義であつて、畢竟人類の罪惡に對する本佛悲哀の涙は、全く慈悲心の發露に外ならぬ次第である。警察官が國家の安全生活を維持する爲めに、危害を除去すべく人の自由を制限するの大精神も、其の根底は釋尊の抑止なる觀念に立脚すべきものであつて、警察の權力の應用も、斯くの如き雄大なる警察哲理の下に立脚せねばならぬ次第である。

文化生活は眞善美の三者を目的とする點から云ふ時は、警察精神も此の三者を理性として進まねばならぬのは言ふ迄もないが、併し眞善美の三者も、結局は善と云ふ事の前提の下に活動せねばならぬのは勿論である。而して智仁勇と眞善美とは必ずしも一致せざるも、大體に於て智仁勇なる我國體の本義を基礎として活動せば、我邦の警察も必らず世界に雄飛し得るや明かである。余は常に唱ふ、敎育勅語は世界に比類なき我邦の特色で、國體の眞義は實に之に依り明かなるが故に、警察精神の皷吹は宜しく之を基礎とすべきである。軍隊敎育令（大正十年十月軍令第十號 大正十一年軍令第十二號）中にも勅諭及勅語は精神敎育の本源なりと。卽軍人精神は獨り軍人勅諭のみならず、廣く他の勅諭にも遵據すべき次第である。

　全體道德の意義は、所謂道は近きにあるべきものであつて、到底凡人の企及し得ざるが如き、高遠なる道德では何の用をも爲さぬのである。卽如何にして忠君となり如何にして愛國となるべきやの問題は、時代によりて其の應用を異にすべきは言ふ迄もない。警察國家時代の警察官と、今日の時代の警察官とが、其の行動に於て大に異る處あるは勿論である。例之警衛方法の如きも、今日に於ては能く陛下の思召を體し、君德を汚さざる樣交通を敏速にし、民衆の迷惑にならぬ樣注意する事が忠君であり且つ愛國である所以である。

又國民側として論ずるときは、例へば選擧の時等には政治上の公德を尊重し、選擧法違反の行爲を爲さざる事が、折角明治大帝が議會政治を布かせ給ふたる御心に叶ひ奉つる所以であつて、斯くてこそ始めて今代に於ける國民としての忠君愛國と爲り得る次第である。之を要するに警察訓育の問題は內省的精神問題にして、智仁勇の三者は互に離るべからざる關係を有し、勇と仁を行ふにも智が必要である。王陽明も智者は惑はず、仁者は憂へずと云つて居る。又古人は先づ知り而して考へ後行ふと云つて居る、斯くて智仁勇の不可分たるべき事は、國民精神作興に關する詔書が、智にも關係深き敎育勅語と道義觀念を專一とせる戊辰詔書をも綜合して、智德の合一を唱へられたる趣旨に照すも國民精神は寧ろ智仁勇の三德一體論を基礎とする事を以て適當なりと信ずる、而して警察精神の向所も此の點に胚胎するのである。

第九章　警察體育

警察官には身體の强壯なることが必要條件であることは、敢て言を俟たない處である、曩に述べたる如く、英國は巡査の身長五尺七寸以上であつて、米國紐育の如きも之に準じて居る、畢竟警察官の身體は民衆中群を拔いて居ることが種々の點に於て便利で且つ必要であるからである。殊に交通整理の場合や、群衆取締等に於て其の效果がある。之に反して我邦では從來兎角巡査を採用するに當り、學力の方面のみに重きを置き、體格を輕視するの弊がある、從つて又我邦警察官吏中には、奉職後病氣に罹る者の率が少くない。

劍道と柔道とは我邦古來の武術であつて、歐洲でも頗る之を感嘆し、殊に柔道の如きは英國でも獨逸でも具體的方法に依り、盛に實際的に應用して居る。例へば有名なる英國の巡査敎習所なるピールハウスでは、日本の柔道を美化して居り、ピストルや短刀を有する者を逆襲し、又は足で踏み付くるが如き行動をなすのである、又普國でも、盛に之を應用し、活きたる訓練を行つて居る。

就中普國には內務大臣直屬の下に、我陸軍の戶山學校に相當すべき國立の警察體育練習所の設さへある程である。余は曾て愛知縣に在職中、警察官の武道訓練を奬勵するが爲めには、之が指導者は獨り武術のみならず一般的敎育を施されて居る事の必要を感じ、武德會支部の事業として、特に中學卒業者中の優等なるものを京都武術專門學校に入學せしめ、卒業後之を愛知縣の武德會に採用し、警察官に對し、特に警察的武術講習を行はしめる事にした事があるが、將來は警察講習所若くは警察協會等に於ても、專門的に武術講習を奬勵するの必要があると信ずる。昔時の警視廳は特に此の方面の奬勵に力を致し、警察教育の中心は寧ろ武道の鍊磨に在るやの感があつた、皇宮警察でも傳統的慣習より今尙此の方面に力を致しつつあるのは、大に人意を强くする次第である。

全體警察には常に活動といふ事が必要で、卽警察官は常に精銳の氣力が充滿して居らねばならぬ。伯林の制服隊は現時熱心に運動を奬勵し、柔道の應用や乘馬の練習等が盛に行はれて居る。殊に戰後の新任巡査中には、戰爭に携はらなかつた人々も多く入り來るが如き實況であつて、體育の奬勵に力を注ぎつつあるは當然である。制服巡査隊が現に盛に他の體育團隊と競爭して、種々の競技を實行し、運動服に「シュッツポリッツァイ」のSの字を附して活動するの狀況は、羨望するに餘ある次第である。

米國紐育のアーサー、ウッヅ氏が、警察長官として其の目的を達するには、警察權能の基礎となるべき精神、品性の外に、大に身體の健全なる事に注意せねばならぬと云ふたのも決して偶然でない。

曾てアーサー、ウッヅ氏は紐育に於ける警察官の健康狀態を調査する爲めに、警察醫より成る委員を作り、運動方法、警邏の歩行方法又は肉食等食料品の種類の研究をなさしめ、而して其の結果を敎習所に於て實行せしめたといふ事である。是れ恰も陸海軍に於て、兵卒に對し、夙に此の種の研究をなし居ると同様である。

又歐洲では消防社會に於ても盛に體育の奬勵を行ひ、筋肉運動上多大の效果を收めて居る。尚伯林の如きは夙に消防醫の設ありて、消防に特別なる衞生狀態を審査し、消防職員の保健の向上に努めて居る。我邦の警視廳消防練習所に於ても、近年盛に消防體操の訓練を爲しつゝあるのは、警察敎育上注意すべき現象である。又靜岡縣の公設消防では、消防醫を設けて居る所もあるが、是れ又奬勵すべき事柄である。警視廳でも昔時杏林義會の設ありて、一般醫師は消防手の負傷者に對し義勇的に働いた時代もある。

要之我邦に於ても現時の社會狀態に照し、平素一層警察官に對し武道の修養に力を致すの必要がある、殊に軍備縮少の聲高き今日に於ては、警察官は民衆の率先者として、大に武道其の他各種の競技を奬勵するの必要がある。何となれば國民皆兵の爲めには、國民全體の身體が强健でなければならぬのは勿論である。

第十章　廣義の警察官敎育

廣義の警察官敎育とは、一定の敎育機關に依らずして廣く警察の智識を注入するの謂である。一度警察官となりたる以上は、日常生活上終身修養と訓練とを怠つてはならぬのは言ふまでもない。而して其の方法は日常の監督、報告、訓示、巡閲等は勿論講演、雜誌、刊行書其の他社會の環境は悉く是れ皆警察敎育の活材料であらねばならぬ。殊に警察官の非番日に於ける敎養方法の如きは、宜しく從來の弊を革め、具體的に年月日時を綜合し、豫め敎授細目を定め敎養の計畫を施すの必要がある。

我邦警視廳の創設者たる大警視川路利良氏は、夙に秀才を採用し、自己は勿論吏員を歐洲に派遣し、又明治九年には佛國人ガムベ、グロース氏を聘して、警察官吏に治罪法の講義を聽かしめたのである。氏は曾て職を巴里の警察に奉じ、實務に通ぜるの故を以て、我邦新設の警察制度に對しても種々の意見を述べ、五ヶ年間も勤勉努力し、我邦警察界の改善の爲めに貢献したのである。

又川路大警視の警察敎育に熱心なる一例は明治十年西南戰役の起るに當り、警視廳は有名なる拔刀隊を組織し九州に向つたのである、當時大警視は其の隊長となりて從軍したのであるが、此の時講習生は時節柄敎育を等閑に附し、何れも戰役に赴かんと欲する者多く、從つて敎育方面には自然に緊張味を缺くの狀況であつた。ここに於て大警視は、講習生に對し戒しめて言はるるには。今や我邦の警察をして歐洲各國に比し最も優秀なるものと爲すべく熱中して居る時に當り、徒らに目前の事に狂奔し、百年の大計たるべき講習のことを忽諸にするは、實に本末を失するの甚だしきものである、故に余は一時的戰爭の爲めに、斷じて此の有益なる講習を廢止すること能はずと。其の忠言は悉く肺腑より出でたので、流石の講習生も深く其の誠意に感じ、熱心に聽講を繼續したのであつた。余が大正十二年の震災後、直に警察講習所の講義を開催すべく努力したのも、此の趣旨に外ならぬ次第である。

又川路大警視は、警察精神の涵養を計る爲警察手眼を著はし、警察官をして其の嚮ふ所を知らしめたのである。然れども槪して當時一般の警察氣風は、全然武斷的で、敎育とか學問とかの思想は頗る貧弱であつたのである。明治十三年刑法及び治罪法の改正せらるるに當り、警察官は職責上之を知るの必要に迫りたる爲め、淸浦子爵は當時治罪法の立法委員たりしの故を以て、警視廳に於て刑法及び治罪法の講義を試みられ、又明治十五年一月樺山警視總監は、態々余の恩師穗積陳重博士を訪ふて懇願して言はるるには、「憲法制定と條約改正の兩者は實に國家の二大事業である、而して警察も亦時代に順應し、之に應ずる丈けの進歩を爲すべき必要に迫られて居る、故に廣く文明警察の思想を警察官に注入するのが目下の急務である、願はくば警察學の講義を試みられ度し」とのことであつた。ここに於て博士は、總監の誠意に感じて之を快諾し、警視總監初め各警察署長に對し、伯林大學教授ローベルト、フォン、モール博士の著警察學の稿本に基き、講述せられたのである、而して其の講義は、明治十五年より明治十九年の間、五ヶ年に亘り繼續せられたのである。

我邦に於ては、昔時警察官吏は士族出身者でありたるが故に、普通の智識は民間の者よりも比較的向上し居り、又人格の高き人も多かつたから、民衆も自然に警察官に敬服し居りたるの風もありたるが、其ッ後社會の事情は大に趣を異にし來り、殊に一般國民の教育も益々盛になり、就中人權の伸張に伴ひ、國權に對する批評も盛となり來りたるが爲めに、警察官の頭腦は又時勢に伴ひ、進歩せねばならぬこととなつたのである。然るに種々の原因から警察官の中には、今日の時勢に順應し得ざる者も尠くないのである、況んや我邦の警察は之を歐米諸國に比し、其の權限が頗る廣大であるので、今に於て警察官の實力の養成に意を用ゐないときには、其の國民の日常生活に直接影響を及ぼすことの重大なることは、言を俟たない次第である。

要するに廣義の警察官敎育は、特別の警察敎育機關に依らないで、廣く日常勤務の傍、訓示、巡閲其の他各種の方面に於て、修養訓練することである。殊に注意すべきことは、警察官の試驗として、巡査部長の採用試驗や警部、警部補の考試試驗や又一般的の普通試驗等、各種類のものがある、而して此等の試驗課目は、何れも皆其の性質が警察官の自習の力に俟つべきもので、事實上其の研究すべき內容は、警察官の能率に多大の關係を及ぼし、從つて又自然に廣義の警察官敎育にも影響を及ぼす事が少くない故、其の試驗課目の內容等に就ては、當局者に於ても、他の特別の警察敎育機關の課目等と併せて之を研究し、成るべく之が重複を防ぐ樣注意を拂はねばならぬ次第である。

歐米の警察官が日常生活上學問の事に注意し居るのは感心の外はない。今試みに其の一端を擧れば、戰前に於ける墺國維納の警視廳の如きは、殊に深く警察部員の訓練に意を用ひ、警察官たるの準備行爲に對しては歐洲、大陸中群を拔いて居つたのである。卽大學卒業後は先づ警察練習生として採用せられ、永きは練習期間五ケ年を要する程であつた、而して最初の一年間は無給で、其の中四ケ月間は教室教授を行ひ殘りの八ケ月間は實務の練習を行ふのである。

英國でも警察事務は、智能を要すべき職務なりと信ぜらるるので、オックスフォードやケムブリッヂ等の大學卒業生は、將來高級警察官たるべく喜んで志願するの狀況である。

伊國の警察界にも、內務省警保局には高等教育を受けたる者を、競爭試驗の方法に依りて採用し、又警察專門教育も頗る見るべきものがあるのである。

我邦に於ては曩に云ふ如くに、川路大警視を始め心ある警視總監は、警察教育の事には頗る意を用ひられたが、又之と同時に淸浦子爵、穗積陳重博士、後藤子爵等の如き、何れも皆警察官に對し夙に教養の任に當り、熱心に警察思想を皷吹せられたのてある、余は深く斯界の爲めに感謝の意を表して已まざる次第である。又外國人たる先輩としては、佛國人ガムベ、グロース氏の功績を忘れてはならぬ、氏の事に就ては東京青山の警視廳墓地内に碑石がある、之に依るときは氏は佛國法律博士で曾て職を佛國警察界に奉じたる人で、其の帝政派たりし故を以て、ナポレオン帝の廢せらるると共に、遂に我邦に來遊する事となり、明治六年始めて横濱に來り、領事として辯護士を兼ねたが、川路大警視は禮を厚くして氏を聘し、警視廳の顧問となしたのである。當時警視廳は創設の時代で、外國人に關する事件が頗る多かつたが、氏の貢献に依り數年ならずして治績大に擧つたと云ふ事である。氏は性質溫厚で學を好み勢利を貪らず、純乎たる君子人であつたといふ事である。而して又事を處するに當りては、果斷決行毫も恐るる所なかりしとの事であつた。

尙我邦の警察界としては、獨逸人ウイルヘルム、ヘーン氏の我警察界の爲めに貢献したることを忘れてはならぬ。氏は警察官練習所に於て敎養の傍、度々各府縣を巡視して、警察改善の意見を知事及警察部長等の當路者に述べ、且つ詳細に之を內務大臣に復命し、以て我邦警察の革新の爲めに盡力されたのである。

以上述ぶる所に依り、廣義の警察官敎育は、現時の警察官が實務の傍勉學と修養とを行ひ、常に社會の進運に遲れざる樣に努める事が急務である事が明てある。而して之が爲めには、中央に於ては之が監督機關として、全國の警察界に對し、常に活氣の横溢する樣努むるの必要がある。余の明治二十六年帝國大學法科の業を卒へ更らに進んで大學研究科に入り、始めて警察の學に志したる所以も、決して警察學者たらんが爲めではなく、專ら警察實際家として奉公せんが爲めであつて、卽警察の研究が、將來警察の改善を爲し其の進步發達を期する上に於て、國家の爲め最も必要であると信じたからである。近時帝國大學に於ても、警察の實地的方面に對しても注意を拂ひ來り、大正十一年には余をして數回特別講演をなさしめた事もある。畢竟するに漸次世の有識者が、歐米の例に倣ひ、警察の實務と大學敎育との接觸の必要を感受し來りたるの結果である。

近時歐米に於ても、往々各國の一般警察に付ての研究家を輩出し來つたのである。獨逸漢堡の故ロッセル博士の如き、米國のアーサー、ウッヅ氏及フォスデック氏の如きは卽夫れで、殊に後の兩氏の如きは、最も警察敎育の爲めに熱中した人であるる。又近く獨逸の如きは、歐洲大戰後非常に財政上の困難を感じて居るにも拘らず國家百年の大計として、大に警察官敎育の爲めに力を致しつつある實況である。殊に注意すべき點は、現職者に對し執務の傍、非番の日に於て、相當の年限を限り、熱心に之が敎養を施しつつある次第である。又普國に於ては、中央的統一方法として、內務省中に特に警察敎育課を設け、全國の警察敎育を統一する事となしたのである。

近時我邦に於ても、內務省警保局や警察講習所や警視廳等に於て、新進の警察研究家の漸次輩出し來りつつある事は、最も喜ぶへき現象である。殊に余の最も希望する所は、警察講習所出身者が、實務の傍、警察上の研究を忽にする事なく、斯くて將來我邦の警察をして、一時的のものでなく根底あるものとして、世界に雄飛せしめたきものである。

第十一章　警察官採用の必要條件

第一節　概說

警察官の素質と教養の改善は、目下我邦警察界の改造問題の骨子である。而して之は獨り我邦ばかりではなく、各國を通じての基礎問題である。殊に素質に於て缺くる處あれば、採用後何程教養を行ふも、優良なる警察官を得ることは困難である。從來我邦に於ては兎角此の重要なる問題を輕視し、徒に量の問題のみに走るが爲めに、往々素質の惡しき者を採用するの餘り、頗る警察の信用を害することが尠くない。故に巡査採用の場合に於ける身元調査は、英國の如く非常に愼重の態度を採ることとなし、將來は警察官中より、不名譽の者を出さぬ樣にしたいものである。

全體採用の問題は、其の性質上教養其の者ではないが、事實上之と密接の關係を有するものである。殊に警察官の採用條件は、實に警察の能率增進上頗る重大の問題である。而して之には種々の項目があるが、今其の主なるものを左に擧ぐることとする。

第二節　年　齡

各國に於ける巡査の採用年齡は、二十歲乃至三十歲であつて、獨逸の如きも近時弱年者を採用することとなつた。我邦も從來は二十歳以上四十歳以下であつたのを、近時二十歳以上三十五歳以下と改正した。

全體年齢の問題は、我邦の如き現狀では、急に弱年者を以て之に充つることの出來ぬ事情もあるが、併し此の問題は、警察の能率に至大の關係ある事故、一層警察志願者の最高年齢を低下し、殊に弱年時代から警察的訓練を周密にすると同時に成るべく永く其の職に留めしめ、又之が根本問題としては、大に其の素質を選ぶことに注意せねばならぬ。

第三節　身體

各國共に警察官の採用上身體には最も重きを置くの風があるが、我邦に於ては兎角此の點に於て、未だ具體化せざるの實況である。從つて又警察官に就職後病者を出すことの尠からざるのは頗る遺憾とする處である。米國紐育の如きは、殊に此の點に重きを置いて居る。又英國でも、身長五尺七寸以上の者を採用することとなして居る、尙體量も之に準して居るのは勿論である。我邦も近時身長は五尺一寸以上と改められたのであるが、之を陸海軍に徴兵せらるる壯丁に比すれば遙に劣つて居る次第である。

第四節　學科目

學問本位の採用試驗は、身體本位のものとは其の根本方針を異にするものである、而して我邦では近年兎角學問本位に偏し來りたるの傾向がある。又學問にも法律本位と普通學本位との二種類あるが、我邦の巡査の採用試驗は、從來刑法、刑事訴訟法、警察法等の科目をも課し來りたる爲め、所謂法律的方面に重きを置いたものである。併し近時巡査の採用規則を改正し、普通學を以て試驗することとなしたのは、一進步と言はねばならぬ。獨逸普國では、殊に普通學に重きを置き、警察官に採用した後でも、更に熱心に普通學を敎へておる位で居る。蓋し常識涵養上此の事の最も緊要なる事は、今更言ふ迄もない。

第五節　採用後の待遇

善良なる警察官は、成るべく永く其の職に止め置くの必要あるは勿論であるが、我邦に於ては兎角之に對しても種々の缺陷がある、殊に警察官の社會的信用の向上問題や、就職後の取扱改善方法に就ても、頗る研究するの餘地あるが、特に最も注意を要する點は、巡査の誓約年限(五ヶ年)内に退職する者の多き事である。又往々有爲の人物が、辯護士其の他の職に轉ずるのは、一面に於て昇進方法に於ても缺陷の點が存するなきか、研究に値する問題である。獨逸の如き形式的習慣に囚はるる國柄でさへ、戰後に於ては、敎養の成績如何に依りては、高等官に上達せしむべき途を開いた程である。

其の他本章に就ては之を詳細に研究する時は或は志願者の人と爲り、或は家庭の狀況等種々緊要の問題もあるが、ここには唯警察官採用の必要條件として、其の概念のみを述ぶるに止める。

第十二章　狹義の警察官敎育

第一節　歐米の地方警察敎育機關

第一款　佛國巴里

ウエンチエル氏の說に依れば、巴里の警察敎育機關は今を距る四十年前、一八八三年に始めて出來たと云ふことである。現在の巡查敎習所は、特別建設物でなく、警視廳の一部を使用して居る。巴里は刑事警察の事は暫く之を措き、一般警察敎育の事は殊更に發達して居ない。殊に戰爭の開始迄は、何等見るべきものがなかつたのである。

初任巡查の敎習期間は四ヶ月間である。而して巴里では兎角軍隊の下士は有爲なる警察官たるべき素質を有すとの傳統的觀念が盛である。又巡查の敎養方法は、警察官の當然知るを要すべき法令を速に了解せしむべく努めて居る。殊に實地勤務上の指導並に報告方法等に就ては、一層注意を拂つて居る次第である。

要するに短期敎習の目的は、軍隊出身の警察官候補者に、最も必要缺くべからざる理論的根本智識及實際的警察事務の初步を敎へるのである、交通事務等は卽夫れてである。

又警察官として困難なる職務に對する印象を深からしむる爲め、特に實務演習をも行つて居る。

軍隊に於ける規律的敎養を受けたること、竝に數年間下士官として批難なく勤務したるの事實は、巴里警察に對する何よりの信用である。然れば巴里の警察敎育は、假令短期間なりとするも、軍隊的敎養の素地ある故、之を我邦に比し同日に語ることは出來ない次第である。

敎習期間內に於ては、一週三日間、每日三時間の僅少時間內のみ敎授を行ひ、其の他の時間は交通事務等實地的の事務に當らしめて居る。

要するに實地的訓練が、警察官敎養の第一義なるが故に、根本的、理論的、專門敎育の主義とは、到底日を同じうして語る事は出來ない。

敎育の指導は主として一警部の掌中にある。又別に卒業試驗の設もなく、尙就職後は別段に特別の敎養を施しても居ない。

併し獨り刑事警察の爲めには、例外として敎養を施して居る。而して此等刑事警察の爲めの生徒は、制服巡査中より採用し、若は直に軍隊中の者より採用する事もある。且つ此の種の生徒は特に鋭敏なる性質の者を以て之に當てて居る、又其の生徒に採用の方法は、簡單なる能力試驗に依ることである、又生徒は實地訓練中は殊に刑事術に關する講義を聽くのは勿論である。而して此の講義は頗る不規則で、豫定の效果を收め得ざることも往々あるとのことである。又重罪の取扱に關する事務に從事するものに對しては、之を鑑識課に於て養成して居る。

尙最後に刑法、刑事訴訟法の講義に對する試驗をも行ひたる後、始めて刑事警察官に採用する事となつて居る。

第二款　英國倫敦

英國は佛國と異り、警察志願者は軍人以外に廣く地方より採用し、年齡は二十一歲乃至二十七歲の者で、一定の胸圍を有し、殊に骨格逞しき者より選擇するのである。又平素の操行調は、鄕里の警察官廳よりの身元證明を要する。殊に品行は方正なるを要し、飮酒家の家庭よりは採用しない程である、又最も個人的關係に重きを置き、親類關係の事等にも深く注意を拂ふて居る。

敎習所は倫敦警視廳の創立者たる、內務大臣サー、ロバート、ピールの名に從ひ、之をピール・ハウス（Peel House）と稱して居るが、之は一九〇七年に出來たもので、現に二百人の生徒を收容して居る。概して内部の組織は頗る完備したもので圖書室、食堂、玉突室、體操室、寢室等を具備して居る。

敎習期間は僅に八週間に過ぎない。敎習生は體育殊に姿勢に最も重きを置き、大體學理的の敎養を試みないことになつて居る。敎習生には巡査の執務上に最も必要なる事だけを敎ゆるので「實際と云ふ事が警察敎育上最良の敎師である」。(The practice is the best teacher) と云ふ金言がある、要するに巡査としては、直に自分で判斷の出來る樣に敎育するのが大趣旨である。

敎習所入所中最初の二週間は、瑞典式體操の訓練を行ふて居るが、之は活動的に且つ身體の機能を能くするが爲めである。而して之は全敎習期間を通じて行ひ、將來の體格の基礎が作成せらるるものである。

第三週間目より實地的警察事務の訓練を行ふて居るが、之は老練なる實際家が新入者の理解力に應じて敎ゆるのである。殊に巧に實例を引用し、又敎習生の趣味を喚起するに努め、以て漸次其の見聞を廣むることと爲して居る。而して其の敎養の範圍は、極めて緊要なる事柄に止めて居る。

又法律違反の場合には、法廷に於て證人として明瞭に辯じ得る樣に、特に採證方法を正しくすることに注意を拂ふべく講述して居る。而して倫敦に於ける警察官の法廷の陳述は、確實なるものとして殊に一般に對し大に信用が置かれてある。

倫敦警察隊の歷史的研究も、警察官の職務上の趣味及警察の團體精神を養ふ上に於て、頗る必要なるものと認められ、又漸く學期の中頃に於て、始めて法律上の知識を與へることと爲つて居る。而かも之には大なる制限があつて、唯警察の職務を執行する上に於て、最も必要なる事柄のみに限つて居る。又特に之が爲めには實地的可能性の事に注意し、多識と云ふことには價値を置かぬのである。

英國では獨り警察官に對してのみならず、辯護士や裁判官を養成する上に於ても、最も常識涵養と云ふ事に重きを置き、法律學校に於ても一定の年限間は、學校の食堂に於て敎師と生徒とが互に飲食を共にすることを以て必要條件として居る位である。我邦の巡査敎習所に於ても、敎官と生徒とが談笑の間に互に相親むことは、常識涵養上最も必要のことと信ずる。

尙入所中最後の二週間は、主として是れ迄の講義の復習の爲めに供せられ、刺戟的なる問答方法を以て、從來の全き材料がここに十分消化的に復習せらるる次第である。

倫敦の警察敎育に付て學ぶべき點は、敎習所の敎官採用方法に就て多大の注意を拂つて居る事である。卽敎官採用の爲めには、管下全體の巡査部長級の希望者中より、筆記試驗により成績の最も優良の者六人を選擇し、之を敎習所に集めて、二週間古參敎官の巡査敎習生に對する講義振りを見學せしめ、然る後一問題に付き一時間半ばかり、自己の經驗に依り、如何に警察規則を適用すべきかに付き、平易にして且つ明瞭に說明せしむるのである。且つ之に加ふるに、素行善良人格優秀の者を以て合格者と爲すは勿論である。而して採用試驗官は、其の講義の內容成績竝に講義振りの巧拙如何等により、且つ筆記試驗を行つた上、始めて之が採否を決定するのである。

尙一旦採用すれば、四年間は敎官として勤務せしめ、其の後は更に新に經驗を有する後進者を以て、更代せしむるのである。

而して敎官には、特に斯くの如くに同級者中の最優良者を以て宛るから、之に對しては特典を與へることとなして居る。卽敎官在職中は俸給も若干加給し、且つ普通の巡査部長は、少くとも三ヶ年間其の職に勤務しなければ、警部の試驗に應ずることを得ざるにも拘はらず、敎官たる巡査部長に限り、特に二ヶ年にて受驗資格を與へて居るのである。

第三款　獨逸普國及伯林

（イ）普國

普國に於ける警察敎育機關の沿革は昔時は暫く之を措き、近年は普國內務省に於て、一九一三年六月、ラインン地方やウエストフアーレン其の他製造所所在地の地方に對し、地方警察官吏となるには、內務大臣の認可したる警察學校に入り、少くも三ヶ月間修業したる者なることを要する事となしたのである。又授業料は當該町村團體より支拂ふこととなし、且つ各學校競爭の弊を避くる爲め、四ヶ所の學校は何れも同一額の授業料を徵收する事とした。又必要の場合には、授業生の俸給又は手當の增加をも爲し得ることとなつて居つた。又卒業試驗の內容は、各學校の統一を期する爲めに、中央に國立視察委員を設け、之を監督せしめたのである。

近時社會の變遷に伴ひ、獨逸では警察敎育改革の聲盛んとなり、一九二一年七月一日及二日の兩日間に亘り、初めて獨逸全國の警察敎育會議（Die erste Reichspolizeischulekonferenz）を開催したのである。

現時普國に於ては、新制度として制服隊及行政警察竝に刑事警察の三分類があるが、制服隊は各州に於て一ヶ所づつの初任巡査敎習所を有して居る。例へば東プロイス州ではゼンスブルグに於て、ボムメルン州ではトレプトウに於て、其の他各州に於ても之に準じ夫れ〳〵警察學校が設けられてある。

警察志願者（ベウエルベル）は二十歳以上の者で、當該國立地方警察官廳に願ひ出で、一年間州立初任巡査敎習所に入り、警察學の一般敎習竝に體育、武器の演習等を爲すのである。卒業後は其の地方警察廳に奉職し、巡査敎習所に於て習得したる智識を、警察上の實務に應用するのである。又卒業者は其の能力に應じ、漸次或は刑事警察官や或は町村警察官等に任命せらるるのである。又巡査部長に昇進する爲めには、別に敎育を要することとなつて居る。

州立初任巡査敎習所は、一八二五年十二月三十一日の内務大臣の州知事に對する訓令第二條に依り、州知事の監督に屬して居る。

此等の敎習所の外に、或る所では制服隊中に所謂職員養成の職員學校の設もある。卽其の目的は、警察官は獨り警察上の專門的智識のみならず、將來他の官吏に轉勤し得べき實力を養成するにあるのである。

制服隊の地方警察敎育は、大體次の如き種類のものである。

一　初任巡査敎習所（Polizeianwaerterlehrgang）

二　巡査部長の敎習

三　警察隊内の職員講習（Die Beamtenschule bei den Polizeikoerpern）

四　警察隊内の特科敎習（Der polizeiliche Fachunterricht）

五　警察隊内の體育及武器の練習

六　警察隊内の過渡期に於ける獨技敎習

（ロ）伯林

伯林の巡査敎習所の沿革の一としては、今を去る七十年前一八五四年四月二十八日、普國國王陛下は、伯林警視廳警察隊の軍隊的訓練視察の爲め、巡査敎習所に行幸せられたことがある。又其の翌年には問答體の方法に依り、一種の警察敎科書も作成された。尙ほ一八九五年巡査敎習所の外に、巡査部長敎習所も設けられ、五ヶ月間敎習したこともある。

最近歐洲戰前迄は、伯林警察官は陸軍に九年間服務したる者の中より採用したもので、從つて又紀律は世界中頗る完全なものとして令聞があつたものである。然るに今や警察官は軍隊以外の者より採用する事となつた、之は軍備縮少の結果、從前の如くに之を軍隊中より採用する事の困難なる事情も出來たからである、從つて又警察の隊伍的訓練等は、從前よりも一層深く大に力を用ひざるべからざるに至つたのも當然である。

殊に近時各種の示威運動等は盛となり來り、從つて又治安の維持は容易でない、加ふるに時世の進展と共に、自然に警察敎育の急務をも感受し來る事となつたのである。

一九二一年三月四日普國內務省は、制服警察官の敎養に關する訓令を發したが、其の內容の大要は次の如きものである。

一、制服警察官の初任敎習所

期間は一ヶ年間、學科は警察學、法律學、普通學、衞生、體育、武器の使用、自習等である。

敎習生は二種に分ち、一つは小學校卒業者、一つは中學校卒業者である。

二　巡査部長敎習所（Der Polizeioberwachtmeisterlehrgang）

期間は四ヶ月間、學科は法律其の他一般警察に關する事項、又別に體育及武器の外に自習時間の設もある。

初任巡査及巡査部長敎習所の生徒は、何れも皆舊兵營内に居住し、軍隊的紀律の下に生活して居る。尙ほ一組の生徒數は、三十人ばかりで、多數の組に分れて居る。

志願者の前職は農業が一割、其の他は種々の業務の出身者である、又其の四分の一は中學校卒業生で、四分の三は小學校卒業程度のものである。

敎習所長は大佐級の人で、其の下に副官一人が居る、敎官は巡査部長敎習の爲めには、警視級の者十一人、外に生徒監一人、又初任巡査敎習の爲めには、敎官十四人其の中三分の二に當るべき十人は警視級で、他の四人は警部級である。而して此等の人々は、警察學及法律學に關する科目を擔當し、又普通學の敎養には其の地方の小學校の敎師が之に當つて居る。

三、警察隊の職員敎習

成るべく警察官の志願者を多くし、且つ一定の期間內警察事務の勤務を終へたる者に對し、容易に他の方面に轉勤し得る爲めに、特別補習敎育を行つて居る。全體普國では十二年間は、警察事務の爲めに勤務すべき義務があるが、十二年では未だ恩給證書（Versorgungsschein）を得る事が出來ぬ故に、志望により ては更に他の職に轉勤しても差支へないこととなつたので、ここに之が爲め警察隊の職員敎習の必要を生じたる次第である。此の敎習は生徒を二種類に分ち、一期生としては小學校卒業のものが之に入り、二ケ年を要する、又其の一は第一期の業を終へたる者、若くは中學校卒業程度の學力ある者に對し、四ケ年間敎養するのである。而して此の敎習は本人の希望に基くものではなく强制的である。

伯林では巡査の勤務時間中に、非番日に於て、突發事變に備へる爲めの所謂準備當番と云ふものが一週二日間ある。此の日を利用し、一日に四時間づつ卽八時間丈け敎習を施して居る。之は一年を通じて行ふのであるから其の成績見るべきものがある。

敎習科目は第一期生に對しては、國語、算術、歷史、公民學、地理、經濟、英語、佛語、速記術、タイプライター等を敎授し、第二期生に對しては、獨逸文學（ファウスト等）、數學、歷史、公民學、憲法、行政法、地理、經濟等である。

其の他警察隊內の實際問題としては、訓示及之に伴ふ應問等がある。（一九二二年版ネーゼ氏「警察敎科書」一二九頁乃至一三〇頁〔Neese, das Lehrbuch fuer die Polizeischulen〕及警察協會雜誌第二七五號高橋內務事務官「外國に於ける警察官の敎養」參照）

第四款　米國及紐育

（イ）米國

米國に於ける警察敎育の方針は二つある。卽少部分の都市では、警察に關する敎科書其の他の方法に依るの手段を採り、紐育、市俄古、フイラデルフイヤ、デトロイト、クリーブランド、セントルイス、シンシンナーチ、ニーワーク、ルイスヴイール、バークレー等は夫れてある。又他の大部分の都市では、舊式警察官の意見に依り、教科書類其の他文書を以てする教育方法は、殆ど用を爲さぬものと認めて居る。而して此等大部分の都市では、初任巡査は就職後は格段なる教育上の準備を行ふことなくして直に制服を着して道路に出で、先任巡査と共に巡回勤務を爲し、又共に時々體育の練習を行ふ位のことである。

米國の巡査教習所は種々あるが、其の内には非常によく組織の整ふて居るのもある、又殆ど巡査の定期の集會場位に過ぎざる程度のものもある。又多くの都市殊に十萬人以下の住民を有する處では、教習所は單に一時的のものに過ぎない所もある。

各州の都市中教育上に異彩を放つて居るのは、加州のバークレー市である。又紐育の警察練習所は、二ケ月間教養し、シカゴ、フイラデルフイヤ、セントルイス、デトロイト、ニーワーク等では、練習期間は四週間、クリーブランドは三週間、シンシンナーチ、ルイスヴイルは一日中一部分は教習所内にて教養の爲めに費され、殘りの時間

は制服勤務の爲めに使用されて居る。（一九二〇年、フオスヂツク氏「米國警察制度」二九八頁參照）

（ロ）紐育

紐育では巡査志願者は紐育州民より採用して居る。又巡査採用試驗の科目は體格及力量に最も重きを置き、卽百點を滿點とせば、其の內五ヶ點は體格にして、殘り の五十點が、市民に關する事項や記憶力や算術や行政初步及警察實務等である。又志願者の身長は五呎七吋以上なることを要求して居る。

尙米國の行政は政黨化して居るので、吏員の採用、昇進等を上官に委任する事は危險であるとして、二十年來多くの都市には、吏員試驗委員の制度が行はれて居る。往年紐育市に於てタマニー內閣が市政を紊亂し、警察の弊害は實に想像以上にして、殊に巡査任命の上に於ける惡弊が極度に達した事は、有名なる事實として今尙傳唱せられて居る。

練習所長は警視廳の警務課長が兼務し、其の他敎官として警部六人、巡査部長二人、巡査十六人が配置されて居る。

尙紐育警察に付て注意すべき點は採用後六ヶ月間は巡査の見習時代（Probation）

て、其の間は自由に任免し得るのである。卽警察官に適合せぬと思へば自由に罷免し得るのである。但始めより巡査としての權限は、附與せられて居るのである。要するに警察署長は二ヶ月間の敎習後更に四ヶ月間は實務上の成績を見たる上、始めて巡査採用の上申を爲し得る次第である。（警務協會雜誌第二七七號高橋內務事務官「外國に於ける警察官の敎養」參照）

紐育の警察練習所は、組織上に於ても制度上に於ても敎養方法に於ても、米國中第一位のものに屬し、其の他の都市に於ける警察敎育機關の模範とされて居る。

全體警察練習所の沿革を論ずるに當り、之を狹義に解するときは、今俄に紐育の警察敎育開始の時期を明示することは頗る困難であるが、若も一人の敎師をして數人の生徒に對し、數時間敎養せしむるをも一種の警察練習所の行爲なりと解し得べしとせば、紐育にも既に半世紀以前から一種の警察學校の設があつたものと稱し得べきである。固より半世紀以前の最初の學校は頗る幼稚のものであつた。卽初任巡査は三十日間特別任用の方法により就職し、巡査部長の手によつて敎養せられ、晝間又は夜間數時間は巡回の用務に從事せしめられ、傍初任巡査に對し、官廳の規則や法律や市條例等の初步の智識を與ふるだけでも、既に十分の價値あるものと認められたのである。而して此の如き未發達の時代に於ても、尚肉體上の操練及體育丈けは、當時に於ても可なり熱心に練習したものである。此の點は我東京警察の沿革にも酷似した點がある。

紐育に於ける警察敎育活動の發達時期は、非常に不正確で、徒らに時の當局者の興味と熱心との如何に依りて、一盛一衰あるを免かれずして、以て今日に至りたるものである。卽警察敎育機關は或る時代に於ては大に擴張せられ、又或時代には頗る縮少せられた事もある。蓋し法律思想の發達せざりし初期時代は、何れの國でも同樣の現象を呈するものである。而して又體育の方面では、其の種類や內容等に於て頗る變遷があつたのである。

警察敎育に對する一般的改革は、一九一四年アーサー・ウッヅ氏が紐育市の警視總監として、其の施政の初に於て行はれ、先づ巡査志願學校(School of Recruits)の名稱を改めて、警察練習所(The Police Training School)とする事となしたのである。而して其の理由とする所は、單に新任巡査の敎育の爲めのみならず、既に就職中の古參巡査に對しても敎養を行ひ、且つ昇進試驗の準備の爲めにも、斯くの如き敎育を行ふの必要があると云ふのである。

總ての方面に於て警察敎育は、擴張することとなつた爲め初任敎習期間は六週間なりしものを、三ヶ月に延長したのであるが、一九一七年歐洲戰爭の爲め、再び二ヶ月に短縮したのである。又學科目も增加せられ、且つ敎官の數も增し、殊に學校を管理する爲めには、獨立の機關も出來たのである。

斯くて初任巡査敎養の事に關しては、今日も尙ウッヅ氏の方策が依然として行はれて居る。例之學習時間の如きも、一週の內初めの五日間は、午前九時より午後五時に終り、土曜日は正午十二時に終ることとなつて居り、又每日の時間割は、午前九時より同九時半までは刑事局に至り、前日に逮捕せられたる犯罪人を刑事上の參考の爲めに見學し、又午前九時半より同十一時までは敎室にて敎授を行ひ、更に同十一時より正午迄は操練及體操を行ひ、正午より一時迄は晝食時間、午後一時より同三時迄は敎室に於ける敎授時間で、午後三時より同四時までは體育を行ひ、同四時より同五時までは敎室敎授を行ふのである。

又學科目は左の如き種類である。

一、姿勢　二、巡回　三、監察　四、犯罪分類　五、檢擧　六、交通警察（自動車の鑑識）七、動物保護　八、火災災害救急療法　九、市條例及衛生法規　一〇、公共の障害　一一、他の市政各部との協調　一二、一般的規定　一三、違法行爲　一四、重罪及輕罪傷害　一五、攻擊方法及武器の使用　一六、殺人、强竊盜、家宅侵入　一七、兒童保護　一八、訴訟手續　一九、公德に就て　二〇、報告及書類作製　二一、選擧法　二二、法令規則一般　二三、日曜日安息法其の他警察部内の慣習等各種の事項である。

初任巡査は各當初に於て、其の官廳の規則書と敎科書とを受領する。又數年間敎育の經驗ある敎官は、講義と實驗とを合せて行ふのである。又敎授の提出したる課程の設問は、或は敎授が自ら犯罪人又は市民となり、巡査は之に對し如何に處理するか等に付き、實際上の遣り方を試みるのである。斯くて敎習生は、警察活動上必要なる實際上の取扱方法を實見し得る次第である。尙其の他塗板又は圖解等の方法に依る說明方法も、廣く利用せられ、又生徒の注意を喚起する爲めには、活動的の實例や劇的(ドラマチック)の出來事等を引證して、敎ゆる事となつて居る。

又此等每日の敎育方法は、時々特別講演の方法を以て補足せられ、且つ之は特に各種各階級の專門家に依賴する事となして居る。

又教授の方法は實際に重きを置く故、講義の內容は或は制服を買入るる方法とか、或は之を修繕する方法とか、其の他規律の事を初め人命救助上の應急手當、指紋、乞丐の取扱方法等の事、警察報告の統計的目的、市裁判所に於ける公訴の準備方法等各方面に亘つて居る。

又每日教授の外に特に宿題が課せられ、翌日の講義時間中に於て之に答へる、且つ此の宿題は教師が自ら檢閱したる上、簡單に之を批評する事となつて居る。

尙二週間每に筆記試驗が行はれ、其の答案に對しては、採點する事となつて居る。其の他の作業は巡回、臨檢、報告等初任巡査の教養上重要なる部分であつて、練習巡回(Student of Patrol)は二ヶ月間午後六時より十時迄土曜、日曜、休日に於て之を行ひ、其の結果約十八乃至二十の巡回區域を巡回し得ることとなつて居る。而して之には經驗のある先任警察官が同行し、巡回期間の終了に際しては、其の見聞したる事項に付、報告書を提出する事と爲して居る。

一日の內每日二時間は、之を體育操練の爲めに費し、以て教室授業の單調を調和して居る。又毎日柔軟體操を行ひ、又各種の自己防衛術(其の内には日本の柔術をも含む)梯子乘、人命救助上の人間の運搬、水泳練習等の事をも行つて居る。而して水泳は市の人工的水泳場で敎へ、又溫天の時は港内でも之を行つて居る。而して二ヶ月間の期間の終りには、此等の操練及體操は、大體の效果を得る事となつて居るのである。

一九一四年の夏より一九一七年迄、アーサー、ウッヅ氏の時代には、「警察の事績を擧ぐる爲めには善良なる警察官を作るにあり」(Making better policemen)との信念を實行し、殊に高級警察官の爲めの訓練が行はれたのである。

ウッヅ氏の考では、警察部(ポリスデパートメント)には常に大學(ユニヴァーシチー)として總ての階級(ランク)が絶えず進取的向上心を起すべく活動して居らねばならぬので、警部(インスペクター)や警視(キャプテン)も何れも皆刑事學者や法律家や鑑定專門家等の說は勿論、警察に必要とする屋外の作用に付ても、他の專門家等の講義を聞く必要を認めたのである。而して所謂講習會(レヴュウコース)は二週間以上之を行ひ、强制的に警部補、巡査部長竝に之が有資格者に對し行ふたのである。而して此等講習の目的は兎角警察官は往々にして社會の實情に遠ざかり、化石するの虞あるが故に此の弊を矯めんが爲めの趣旨である。

斯くの如き講習に際しては、如何なる事務があつても之を差し措いて赴かねばならぬ。何となれば從來の經驗上、片手間では到底講習の效果を擧げ得るものではないからである。是れ亦我邦の實狀に徵しても、大に首肯する點がある。

又巡回巡査の内特殊勤務志願者を訓練するためには、別に學級が編制されて居る。卽或る學級は自動自轉車隊に加はり、乘車を練習するのである。又或學級は自動自轉車等の工場に於て、機械の分解作業を行ふの類である。又他の學級は乘馬交通隊として、二週間の訓練を行ふのである。尙徒步交通勤務者に對しても同樣である。而して此等の者の學校に於ける成績は、皆採點せられ、之に依り各任所が定めらるるのである。

抑々警察敎育の整頓せる學校を有する都市は、其の警察力が最も完全なる特徵を有して居ることが、容易に證明せられて居る。何となれば警察の良否は、結局警察官たる人の問題であつて、如何に制度組織が良好であつても、之のみでは何等の用を爲さぬからである。報告制度の設備の完成や、組織計畫の改善等は、其の性質上何人も之を等閑にすべきものでなく、當事者は事實上須らく之が改善を計らなければならぬ。何となれば此等のものは、其の性質上緊急避くべからざるものであるからである。乍併此等の事は畢竟警察其の者の手段であつて、其の目的ではない。

全體警察活動の中心點は、市民と警察官との個人的接觸であつて、警察官が警察官全體として、又は其の大部分が統一的に働く樣の事は、實際上其の場合が甚だ少く、殆ど總ての警察的活動は、寧ろ警察官が各自に於て、警察本部や警察署より離れ、單獨に屋外に於て民衆に接する場合に於て生ずる事が多いのである。故に巡査其の者が獨立し各個人として行動する場合に於て、警察は常に活動しつつあるのである。

而して警察の組織機關の働を完全にする事は、格別困難の事ではないが、併し之に從事する各警察官に向ひ技術上の能力を有せしめ、且つ公共的義勇的精神を有せしめる事は何よりも根本義で、斯くてこそ始めて警察の組織も完全なる效果を發揮し得る次第である。而して警察官各自に聰明力を有せしむるには實に警察官の敎養と訓練との力に俟たねばならぬ。

斯くて始めて警察の社會的意義も自から分明する事となり、警察に對する眞の成功をも期し得らるる次第である（ワェンチェル警察教育論及フォスヂック米國警察制度二九九頁乃至三〇六頁參照）

第五款　支那

全體支那には內務總長（內務大臣）の下に警察司（警務局長）の職があり、尙奉天省其の他には省長としては道尹がある、例へば奉天省に就て言はんか、省內には三道ありて道尹の下に知事（奏任）の職がある、又都下には警察廳（警視廳）の設あり、其の下には警察署、警察分署、分駐所があり、署長は警正（警視）及之に準ずべき待遇官である。其の他警佐（警部）巡官（警部補）巡長（巡查部長）及巡警（巡查）等の官職がある。而して巡警は警察廳に屬せる警察傳習所に於て、六ヶ月間敎養を受くるのである。又別に操練（擊劍柔道は練習せざるも）を行ふて居る。尙傳習所に於ては、警察傳習生の上に、傳習班とて各縣の巡官以上の者を一ヶ年間敎養して居る。生徒は知事よりの推擧で、各縣より一人宛を出すとの事である。奉天省は五十四縣ある故、五十餘人の生徒を有して居る。奉天省には日本人が敎育顧問として、右兩種の敎授を掌つて居る、余も曾て數年前親しく巡視した事がある。

第二節　我國の地方警察教育機關

第一款　府縣

第一項　巡査教習所の概念

巡査教習所は明治十二年七月始めて警視廳に於て、又府縣では明治十五年頃愛媛縣に於て十六年頃大阪府に於て創設されたとの事である（高橋雄豺氏著警官の教養一三頁）明治十九年內務省の訓令に依り、之を設置する事となり講習所は今の警察部又は府縣所在地の警察署を以て之に充て、又敎師は警官練習所を卒業したる警部、又は警部補の內一人又は二人を以て充つる事とした（同第三條）。又授業科目は警察の職務に關する要領であつて、例へば巡査の服務、帶劍、禮式、警邏査察、緊要なる規則の要領、非常警戒、遞傳護送、警衞警備、外國人取扱、報告書、犯罪人取扱等の類である（同第四條）。又敎習期間は二ヶ月以上（同第六條）、授業時間は一日七時間以下（同第七條）等であつた。

內務省は其の後明治二十四年九月新に訓令を以て巡査採用規則を設け、又明治三十七年七月十九年の訓令を廢し更に訓令第一五號を以て、巡査敎習概則を制定したのであるが、近く大正十二年之が一部改正を加へられたるは後述の通りである。又警視廳は現に他の府縣と異り警視廳訓令を以て警察練習所及消防練習所を置くの規定を設けて居る。

而して他の府縣では、地方官々制中に知事は各部に分課を設くることを要する時は之を定め內務大臣に報告することとなつてをるから、之に依り巡查敎習所は設置せられてあるのである。

今や我邦地方の巡查敎習所改善の聲が漸く盛となつて來たのは時勢の要求であつて、殊に新任巡查敎習、特別講習、非番敎習、中央警察講習等何れも皆連絡統一する事が最も必要である。例へば學科の如きも重複の點が多いから、之が改善を要すべきは勿論である。又學科の外訓育、實務練習、體育等も組織的に改善するの必要がある。又非番敎習の方法も一定の年月を限り、一定の修養を結了すべき樣具體化せしむるの必要がある。而して之が爲めには、又一面巡查の勤務時間の制度が確立されねばならぬのは勿論である。現に警視廳の如きは、既に三部勤務を實行して居るのである。其の警察敎育の上に、重大なる關係を有する事は言ふ迄もない。

尙敎習所に對する經費は、槪して貧弱で、警視廳は十九萬三千圓、京都府は三萬七千圓、新潟縣は三萬四千圓、廣島縣は三萬一千圓、其の他神奈川、滋賀、岩手、山形等の各縣は一萬二千圓乃至二萬圓位を計上してをる(大正十二年度豫算)其の他敎習所の槪念としては種々擧ぐべき事があるが、教習期間、教習人員、教習科目、教習所の組織及名稱、教習所長及教官、設備、教科書、實物教養等の事項に付いて左に少しく述べんとするのである。

第二項　教習期間

教習期間は巡査教習概則に依れば、始めて採用した巡査に對しては、三ヶ月以上の教習を施すことを原則とするが、特別の事由ある時は、二ヶ月迄短縮する事が出來る。併し右の期間では甚だ短期に失するとは一般の聲であつて、大正八年始めて我邦に於て全國巡査教習所長會議を警察講習所に開催した際、種々協議の結果左の希望を決議したのである。

(1)　新に教習所に入る者に對しては、三ヶ月間の教養を施し、尙警察署に於て定員外として一ヶ月間の實務練習生たらしむること。

(2)　特別教習生として巡査拜命後二ヶ年以内に、四ヶ月間以上必ず教養を受けしむること。

(3)　其の他適宜の期間特科講習を行ふこと。

警視廳では此の決議に基き新任巡査敎養規程を定め、大正十一年五月より練習所卒業者に對し、更に二週間だけ主として實務を練習せしめ、二週間を終れば更に第二期敎養を行ふ事とした。而して同廳は三部勤務であるから、第一非番日に於て二時間だけ四ヶ月乃至六ヶ月間、警察事務、思想問題、時事問題等に付き敎養する事とした。故に結局新任巡査は、七ヶ月乃至九ヶ月の敎養期間となるのである。又警視廳では、三ヶ月間百人内外の豫定を以て、既に在職中の巡査に對し、再び特別敎習を行ふ事となし、警察署長より推擧したる者を採用する事となして居る。其の他特科敎習として、一組六十人の標準により警部補を講習し、尙別に飛行機、自動車、英語、刑事、保安、衞生等各專門の講習を行ふ事となして居る。非番敎養は震災後一時之を中止したのであるが、近時又三部勤務の復活に從ひ熱心に之を奬勵して居る。

大正十二年内務省が、敎習期間を三ヶ月以上と改正せざりし以前でも、夫れ以上の期間内敎習して居つた府縣も少くない。

我邦の警察の權限は頗る廣大であつて、駐在巡査の任務の如きも、大に責任があるのであるから、徒に現時の如き短期間の制度を以て敎養を看過し置く事は、頗る憂慮に堪へざるものがある、余の理想としては、一ヶ年を修業期間と爲すべきが當然と思ふ。假に今日は過渡の時代であるとしても、少くも半年以上と爲したきものである。現に伯林の如きは一ヶ年の敎養期間となつて居る。

我邦最近の調査に依れば、初任巡査の敎習期間は、全國四十七府縣中三ヶ月間が二十四府縣、四ヶ月間が二十府縣であつて、其の他愛媛縣は五ヶ月乃至六ヶ月間、秋田島根の二縣は六ヶ月間の敎養を施して居る。

又現任巡査に對する講習は、何れの府縣も之を實行して居り、二ヶ月間のもの三縣、三ヶ月間のもの十八縣、四ヶ月間のもの十二府縣、尙石川縣は五ヶ月間、兵庫、滋賀、岐阜、島根、香川等の各縣は六ヶ月間、其の他一ヶ月乃至六ヶ月の期間に於て其の都度決定するものも數縣ある。其の他刑事、武道等各種の特科講習が行はれて居る。

第三項　敎習人員

敎習所の一組の人員は、成るべく之を少くしてこそ始めて訓育上にも效果があり、且つ實際的敎育を施す上にも便利なのである。然るに兎角我邦では、多數に失し易いのである。然るに獨逸普國の如きは、現に財政上頗る困難を感じて居るにも拘らず、警察敎育の內容の充實を期する爲め、極めて少數に止めて居る事は感服の外はない。我邦に於ても近き將來に於ては、假令經費が多少增加するとも、一組の人員を減少することは、警察敎育の能率を發揮する上に於て、最も緊要のことである。

第四項　敎習科目

警察敎育は其の土地の狀況に應じて、活きたる敎育を行はねばならぬ。例之臺灣では、土語、保甲制度、阿片制度等を敎へ、又術科としては、銃器の使用方法及敎練に付特に多數の時間を費して居る。又蕃地に勤務する警察官は各種の助長行政に從事するのであるから、此等に付いても一般的の概念を授けて置く必要がある。又關東廳では警察敎育上、支那語の研究の必要なるは勿論、近時馬賊は精銳の銃器を有することとなりたる故、警察官も亦之に對應すべき防衞的器具を有し、訓練し置くの必要がある。又地理的關係上一旦事故を生ずる時は、忽ち外交上にも影響を及ぼす事も尠くないから其の土地の事情を審かにし置くの要がある。又關東州の巡査は、臺灣の如くに助長的行政の方面にも力を用ゆべきである。又朝鮮警察に在りては、今日の時代特に民衆の取扱上に付き、頗る愼重の態度を要すべく、就中犯罪取扱上の改善の如き頗る急務に屬して居る。其の他語學及銃器の操縦法の如き、何れも皆其の土地又は、時代に適合すべき敎養を施さねばならぬのである。

又内地の各府縣でも、東京と宮崎とは交通の狀態を異にすべく、神戸や門司は水上警察、外事警察の智識が緊要であり、大阪、愛知の如き商工業の盛なる所では、警察官は殊に經濟思想の一斑に通じて居るの必要がある。

今試に全國敎習所長會議に於て、決議したる敎科目を擧ぐれば左の如くである。

甲、初任敎習

一、訓育(奉公の大義、國體觀念、規律訓練等)　二、服務　三、刑法、四、刑事訴訟法、五警察法、六憲法、七、行政法　八、行政地理　九、書類作製　一〇、傳染病豫防法　一一、施繩法及救急法　一二、消防及喞筒使用法　一三、郵便電信電話取扱方法　一四劍道及柔道　一五、點檢禮式操練　一六、實務練習　一七、實地見學及科外講演。

乙、特別敎習

一、訓育　二、憲法　三、行政法　四、刑法　五、刑事訴訟法及裁判所構成法　六、警察法　七、民法大意　八、經濟大意　九、衛生學及傳染病學　一〇、火藥類及爆發性物品

取締　一一、電氣瓦斯　一二、汽罐汽機　一三、工場法　一四、犯罪捜査及指紋法　一五、書類作製及實務演習　一六、劍道柔道　一七、點檢、禮式、操練　一八、實地見學及科外講演、尚學科中には心理學、社會學等の事をも併せて考慮するの要ありと決議したのである

今試みに各府縣の初任巡査敎習科目中特殊のものを擧ぐれば、司法警察（九府縣）犯罪捜査法（十二府縣）指紋法（六縣）統計（北海道、新潟）消防（二十四府縣）普通學（一六府縣）英語（東京、大阪、三重）民法（長野、長崎）法醫學（新潟、長野、廣島）銃砲火藥（五縣）度量衡（一六縣）救急法（十縣）電氣（七縣）社會學（長野、福島）經濟學（岐阜、長野、秋田、福岡）其の他宮城縣では刑事政策山形縣では地方制度等の學科を授けて居る。

尚全國中大正十一年度に於て施行した特科講習は、刑事（二十六府縣）武術（五縣）消防（四縣）衛生（四縣）巡査部長（三縣）高等警察（二縣）道路取締、法律講習、英語、速記（各一縣）等の講習である。

第五項　敎習所の組織及名稱

巡査敎習所の組織は、警務課とは全然之を獨立せしむる必要があるにも拘らず

兎角傳統的に警務課に附屬するの感を有せしめる所も少くない。

初任巡査敎養機關の名稱は、各地共大抵は巡査敎習所と稱して居るが、警視廳は夙に警察練習所と稱して居る。全體前記の府縣の現稱たる巡査敎習所は、廣く之を警察練習所と稱する方が適當であると思ふ。何となれば、府縣に於ても獨り巡査のみならず、必要に應じては警部補等に對しても、短期間其の土地に獨特なる敎習を行ふ事も、今日の時勢上より見て必要であると信ずるからである。大阪府は大正十二年三月巡査敎習所の稱呼を廢し、警察練習所を創設し、警部補以下の敎習訓練に關する一切の事項の外に巡査採用事務の全權を管掌せしめ、各種の敎養訓練を有機的に連絡し、統一的方針の下に敎養訓練事務の完壁を期すべく計畫を樹て、內務省に稟議の結果之が認可を得たのである。即廣く警察練習所の名稱を必要とする場合には、其の名稱の下に實行しても、差支なきこととなつたのである（大正十二年三月大阪府知事より內務大臣伺に對する內務看指令）又近くは北海道廳に於ても警察練習所の名稱の下に大阪府に準じ、廣く警察敎育に關する改善統一を期することとなつた次第である。

第六項　巡査敎習所長及敎官

敎習所長は之を專務たる警視となし、相當の年限間最も有爲にして警察事務に經驗ある人物を拔擢して、之に充つべき必要がある。加ふるに將來の敎習所長には最も人格に重きを置き、且つ警察上の實力を有する者を以て之に充てなくては、日進月步の今日生徒の信賴を期する事は出來ないのである。

現に我邦に於ける專任巡查敎習所長は、二十五人で全部警部である、兼任は二十一人であつて、其の內警視十二人警部九人である（大正十二年十一月調査）又警視廳は警務部長が警察練習所長で、又消防部長は消防練習所長たる事は官制に於て明かである。

又敎習所敎官の採用方法竝に待遇等の事も頗る考慮を要すべき問題であつて、現に敎習所敎官は他の勤務の警部警部補等に比し、月額旅費其の他收入が著しく減少する趣で、一般に不平の聲を聞くのは、頗る遺憾とする所である。之に對しては須らく物質上の權衡を保たしめ、又萬一之が不可能とせば、精神的方面に於て十分なる待遇の方法を講ずることが、最も緊要の事に屬する。其の他曩に述べたる如く敎官は倫敦の例に倣ひ、特別の資格を附與するの必要がある。

又敎官は警部の專任は二十五人であつて、二人を配置してあるのは、僅かに警視廳、大阪府、京都府だけである。其の他専任敎官は大部分警部補であつて、警部及警部補の兼任敎官も少くない。以上の外敎習所の職員としては、助敎(巡査部長又は巡査を以て之に充てて居る)武道敎師等がある。

第七項　設備

我邦敎習所の設備は、概して頗る貧弱であつて、甚しきは武術講習の道場すら缺いて居る所がある。併し近時一般に敎習所の設備に付ては、大に力を致すものの如く、現に愛知、京都、大阪等は相當完備したものとして數へられて居る。

維納の警視廳の敎習所は、頗る完備したものである。卽大學の建築物を用ひ、圖書館、博物館等も備はつて居る。又倫敦警視廳の敎習所の設備の如きも、頗る完備して居ることは前述の通である。又伯林の敎習所も、兵營の跡を用ひ何等遺憾なく備はつて居る。

歐洲各地の敎習所は、夙に警察品參考室の設がある。伯林、ドレスデン、漢堡、維納、巴里、レーニングラード等は夫である。我邦の敎習所は、敎授上の參考品が一般に少いのは、誠に遺憾とする處である。余は豫て警察參考品陳列室の必要を感じ、先づ警視廳に新設した。殊に余が歐米から持ち歸つた諸物品及寫眞類並に其の後米國セントルイスに開かれた萬國博覽會に、我邦から出品したる各種の警察參考品をも陳列して置いたが、其の後陳列室は廳舍狹隘なりとの理由で之を廢止し、又大正十二年の大火災に際し、諸物品は燒失の厄に逢つた次第である。但し消防練習所には多少存在し且つ千葉縣、新潟縣、愛知縣等には其の模寫に係る物が少しは存在して居る。

今や我邦に於ても、漸次陳列室設備の聲盛となり、現に愛知縣其の他の地に於ては、陳列室の設ありて、其の數二十一府縣に及び、又圖書室を有するものも十八府縣ある。又運動場其の他娛樂場の設備を有するものも數府縣ある。

第八項　敎科書

國定敎科書が國民敎育上極めて重大なる意義を有すると同じく、敎習所の敎科書も、警察敎育と密接の關係があつて、之が編纂は警察界に於ける年來の問題である。現に處により又は科目によつては、之が編述を見たものもあるが、中央に於て統一的に、之を制定することは極めて必要である。而して地方は更に地方的特殊の部分に付き編纂したきものである。

我邦に於ては中央としては、明治十年頃内務省警保局編纂の下に警務要書を發刊し、警察に關する一般の法規に基き、其の事務執行の要旨手續を示し、尙細別して二つとなし、警察官吏一般の心得及行狀等の事と、各事件に付其の取扱の注意を示したものであるが、大體に於ては法規的のものが多く含まれて居る。當時此の書物は廣く一般に行はれたと云ふ事である。

歐洲に於ては夙に各國共相當の敎科書があつて、伯林の如きも昔より之が設けられてあつた。

我邦に於ても余が內務省警務課長在職中、此の事に志したが終に果さざりしは遺憾千萬であるが、近年も亦益々其の必要の聲が起り、終に大正十年夏以來中谷內務事務官等の盡力により、先以て外國の敎科書を飜譯し、之を參考として、後我邦のものに及ばんとの計畫を樹て、而してリヴアプール、ロンドン、ボストン等の敎科書は飜譯に著手し、既にリヴアプールの分は梓に上して、地方にも頒布せられたのである。該敎科書はレオナードド、ダンニング(Sir Leonard Dunning)氏の著であつて、警察官の常識涵養上には、大に參考となるべきものである。同氏は英國警察監察官として既に二十五年間も警察の職に在る人で、眞に警察の權威者である。先に高橋內務書記官は、米國に於て有名なるアーサー、ウッヅ氏の警察制度改革意見を飛譯して、世に公にし、今又警察官の敎養と題せる好著を公にせられたが、是亦警察敎育上適當の參考資料として推奬に値する。願はくは我邦でも將來一日も速に我邦の警察敎科書として適當なるものが、發刊されることを希望して止まぬ次第である。

第九項　實物敎養

我邦には兎角此の方面に缺くる處があつて、徒に形式的、理想的、理論的の方法に依る事が行はれて居るの結果、警察敎育の改善も、將來は特に此の方面に對し、革新を期せねばならぬ。

米國の如きは、夙に實際生活といふ事を基礎として、敎養方針を實行して居り、又巴里では敎養上に活動寫眞を利用して居る、例へば巡査が正しき勤務を行ふの實例としては、確實に擧手して親切叮嚀且つ熱心に交通整理を行つて居る模樣の行動を示すと同時に、又一面には頗る不親切なる巡査の行動を描出する等、彼此善惡を對照して、巡査をして自覺を促すべく指導して居るのである。

維納の警察敎育も、豫てより實際的の事を敎ゆべく多大の注意を拂つて居る。例へば地理上の智識を與へたる後、實地的に甲所より乙所迄到るには、何分間を要するやと云ふが如き、實地訓練を行ふて居るのである。

伯林でも戰後に於ける新組織の初任巡査敎習所には、警察上に活動寫眞を應用すべく、特に寫眞室の設けがあるのである。尙幻燈に就ては、各國警察が互に申合せを爲し、其の土地の警察參考資料を撮影して、互に之が交換をなし、比較研究をなしつつある。現に最近中谷警視廳刑事部長が、獨逸から警察講習所に齎し來つた伯林警察に關する幻燈の如きも、卽是れである。將來我邦に在りても、各地に於ける特色ある警察上の實況を撮影し、府縣が互に相交換する事とせば、非常なる稗益ある事と信ずる。

又我邦全體の警察上特に參考となるべき事項を撮影して、之を各國に送り、互に交換することの急務なる事は言ふ迄もない。而して此等の事業は、便宜警察協會に於て實行するも可なりと信ずる。

近時我邦に於ても、漸次實際的敎育方面にも注意を拂ふ事となり、縣に依りては或は狩獵鳥獸の研究の爲め、之が標本を備へ付けるとか、或は犯罪捜査の實地演習を行ふとか、或は府縣の方言を敎へ、或は巡査の言葉遣の敎養に注意を加へ、或は敎習生をして公開演說を聞かしめ、古參巡査は之に同行して批評を加へ、以て演說會取締に習熟せしめ、或は巡査に勤勉の美風を起さしむる爲め、美化運動の名の下に寄宿舍、自習室等に於て、自ら掃除を實行せしめ、或は逃走したる盜賊の逮捕、泥醉者の取扱等を假想的に行つて訓練を試み、或は喞筒の操法其の他消防の練習を行はしめ、或は衛生上の消毒方法を實行せしめんが爲め、曾て朝鮮の如きは練習所の井戸を利用したこともある。又臺灣の練習所では、所內に警戒部を設けて、每日甲科生一名乙科生八名を以て警戒部員として、夜間は勿論晝間と雖も、授業に差支なき限り、交互に見張、警邏、炊事監視等を行つて、實務の練習を爲さしむると共に、一面所內の警戒をなして居る。

以上は何れも單に例示に過ぎないが、近時各府縣共何れも實際を基礎として敎習を行ふの傾向ある事は頗る喜ぶべき現象である。

尙歐米に於ける實例としては、獨逸漢堡等に於ては、夙に警察官の假裝の實習を行ひ、刑事巡査は殊に頗る巧妙に扮裝して居る。

又米國ては、法律上の智識を實際的に注入する爲め、大學の一年生に對しては、裁判所の判決例を集めたる書物を與へ、以て法律を知らざるものをして之を讀ましめ、實地的方面から、自然に生徒をして法律智識を汲收せしめて居る。蓋し敎授が抽象的に法律的智識を講述するよりも、判決其の物の中に社會の活現象が明示せられて居るといふの趣旨である、斯くて十分に判決文を熟讀したる後、互に相討論し裁判所は斯く〳〵の事實に基き、斯く判決したりと自覺せしむるのである。

米國フイラデルフイヤの警察官練習所長ジョン、スタッチアート氏(John Stuchert)は、余の警察官敎育方法(How I train Policemen)といふ事に就て生徒に對し「先づ汝の仕事を知れ」と云ふて居る。卽警察官の職務の內容は、實に多方面に涉り、又法規の數も甚だ多く、自然に警察官の職務が專門的となり來れる爲め、現在の社會の實情に適應して敎養することが、練習所當然の目的であると云ふの趣旨である。又市長ムーア氏は、最近社會の進運に伴ひ、警察事務は益々複雜し來れるが故に、警察官は獨り法令の執行者たるのみならず、市民の幸福の增進者とならねばならぬと主張して居る。余が近時警察の觀念を解釋するに當り、將來の警察は從來の如く獨り安寧秩序を維持する事のみならず、民衆利益の保護の事にまで權力を應用すべき傾向を呈し來りつつあると論じて居るのも、畢竟此の趣旨に外ならぬ次第である。

第二款　朝鮮

朝鮮總督府警察官講習所は、敎習科と講習科との二つに分れ、敎習科は內地の巡査敎習所に當るもので、卽新任巡査を養成し、講習科は既に警察官たりし者を敎養する處である。朝鮮の巡査は、約二萬人中其の半數は內地人巡査であつて、之が敎養は敎習科で行ひ、常に約四五百人の生徒を收容して居るの實況であつて、一ヶ年の經費は四萬三千圓ばかりを計上して居る。又別に鮮人巡査を養成する爲め、各道に巡査敎習所を設立し、知事の下に道警務課長が所長を兼任して敎養を行つて居る。

第三款　臺灣

臺灣には夙に警察官及司獄官練習所の設けがあつて、各部甲科乙科の二つに分れて居る。司獄官部の事は暫く之を措き、警察官部の乙科は內地の巡査敎習所に該當するものであつて、內地人巡查及之に準すべき本島人巡查を養成する所である。敎習期間は二十週間、敎習科目の主なるものは左記の如くである。

一、服務心得　二、法學通論　三、警察法（保甲、蕃務、違警例を含む）四、警察實務（行政地理、助長行政を含む）五、公文書作製　六、衞生及阿片制度　七、戶口制度　八、刑法　九、刑事訴訟法法院條例司法警察官職務規範　一〇、傳染病學、法醫學、救急法、一一、臺灣語　一二、點檢、禮式　一三、操練、射擊　一四、劍道　一五、柔道　一六、施繩法等であつて就中臺灣語、警察法、操練射的等には特に注意を拂つて居る。

練習所職員は、所長の外敎官九人（內二人は奏任）舍監一人（奏任又は判任）書記三人（判任）で所長は總督府高等官が兼任することになつて居るが、從來大抵警務局長が之を兼任するの例である。

在所中は三十六圓の手當の外に、食費を官給して居る。練習所の設備は頗る完備したもので、寄宿舍の設もありて、敎習生は全部之に收容して居る、又廣大なる操練場を有し、建物は講堂七、寄宿舍三棟、自習室一棟、其の他參考品室、圖書室、食堂、醫務室病室に至る迄完備して居る、殊に劍道柔道の道場の宏大なる稀に見るべきものである。

乙科生は之を數班に分ち、一班は約五十名で、各班別に敎養を施して居る。各班に班長及副班長を置き、又各自習室及寢室には室長を置いて、各班員又は室員の代表となり、諸般の交渉其の他に當つて居る。

又前記練習所の外に、各州及廳には、一般の臺灣人巡査を敎養する爲めに、巡査敎習所の設がある。隨時必要に應じ、公學校(內地の尋常小學校)卒業の臺灣人中から、敎習生を募集し、簡易なる取締法令及國語を授け、殊に操練其の他の術科を奬勵し、規律を養ふ事に重きを置いて居る。

第四款　關東州

關東州では、大正十三年一月十日廳令第二號を以て、警察官練習所規則を定め、敎官は專任六人、助敎は專任二人を置くこととした(第二條)。又敎科は甲科、乙科、別科の三種とし、內乙科は初任巡査の養成をなすのである。敎科目は種々あるが、實務の練習を爲さしむることに重きを置いて居る。其の內地と異る點は、支那語の如き類である。又巡捕(支那人及鮮人)採用の爲めには、三ヶ月間在所せしめ、警察法規、實務練習日本語、操練、馬術、射撃、警察書式等を教授して居る。

第三節　歐米の中央警察教育機關

第一款　獨逸

獨逸は流石に教育國だけあつて、警察教育に於ても各國中頗る組織的に出來てゐる。又普國內務省は先にも述べたる如くに一九二一年警察教育に關し、特に訓令を發したのである。

第一項　普國警察高等學校(Hoehere Polizeischule)

普國警察高等學校は國立にして內務大臣に直屬し一九二〇年ポッツダムに建設せられ、後アイヘ(Eiche)村に移轉し、警察の幹部卽警察下士官及警察士官に高等の警察教育を施す處であるが、其の設備は今尙頗る不完全である。校長は警察大佐ヘック氏(Heck)で、學科は營業法、刑法、民法、公法、警察術、刑事學等である。

入學前には、豫め六ヶ月間體操學校の教養を强制的に受けしめて居る。又教養期間は九ヶ月であつて、この教養を終了した後、始めて警察少尉となるべき資格を與へられるのである。而して此の學校は、全普國の總ての警察士官となるべき者を敎養する爲めに設けられたものであつて、入學資格者は既に警察事務に一、二年間從事したる者及警部補級の者たる事を要する。

總ての警部補は悉く警察士官となる事は不可能で、六千人の伯林警視廳の警部補中其の一部分のみが、選拔に依り此の學校に入り、警察士官となり得る次第である。

生徒は每朝半時間は新銳の氣を養ふべく體育運動を爲し、又每週二回午後一時より一時間半宛之を行つて居る。

又午前は講義の爲めに、午後は敎材豫習及完成の爲めに使用されて居る。敎授上の劃一主義を避くる爲め及生徒の氣分を倦まざらしむる爲め、必要の問題に對し、時々臨時講演を行つて居る。

而して舊王朝時代より採用せられたる現在の警察士官は、一部分は軍隊より採用せられたる者なるが故に、現時の高等警察學校が、近時の創設である以上は、未だ本校に入學しない者あるは勿論であるが、將來苟くも警察士官となる者は、必ず之が卒業者であらねばならぬ。

全體此の學校設置の趣旨は、警察少尉となるべき目的の爲めに、警部補を敎養するに在るのであるが、其の外に警察少佐となるべき警察大尉の爲めにも、敎養を行つて居る。而して此等の大尉は、四ヶ月間高等警察學校に在つた後、始めて警察少佐の合格試驗を受けるのである。

普國に於て警察士官たるべき經路を述ぶれば、初任巡査は十九歲か二十歲で、ブランデンブルグの普國警察高等學校に入り、一ヶ年間の敎養を受け、卒業後始めて巡査となり、制服には肩章に一星を附し、其の後試驗に合格して巡査部長となり、制服の肩章に二星を附するのである。四ヶ年乃至六ヶ年間巡査部長を奉職した後、再度ブランデンブルグの警察講習所に入り、四ヶ月間の敎養を終へた後、始めて警部補となるべき試驗を受くる事を得るのである。而して警部補中殊に明敏であつて、其の職務に卓越せる者が、警察士官となり得るのであつて、此の場合に於て始めて高等警察學校に入り得るのである、故に同校に入る生徒は、概ね二十八歲乃至三十歲前後である。

尙偶々若年の者もあるが、此等は師範學校等の如き高等の學校を卒業した者の內、規定の試驗を經て、警察士官たるべき資格が出來得た者である。而して此等の者は、何れも總ての警察士官階級たる警察少佐や、警察大佐に進み得る能力を有するのであるが、アイヘに來れる警部補は、通常相當の年齡に達したる者なるが故に、警察士官の試驗を經たる後は、概して一般に一生涯中警察少尉か警察中尉で止まるものである。

生徒の半數は、一般警察官中より、又他の半數は特別の高等學校の敎育を受けた者より、採用せらるる事となつて居る。

警察士官の爲めの學級の外に、尙刑事講習科の設がある。之には警部補及警察士官をも入學せしめ、時には又刑事警察官たるべき爲めに、司法官試補の如き專門的智識を有する者も加入し、講習は四ヶ月間繼續するのである。

又警察少佐や警察大佐となるべき者の爲めにも、補習敎育が施され、之が爲めには特別の講習方法、卽專門的方法に依る敎授が行はれるのである、而して之が卒業の爲めには、別段形式的試驗を行ふ事なく、唯三つばかりの宿題が課せられる位の事てある。又將來指導敎授より課せられたる題目に依り、專門的の論文を提出する事となつて居る。併し此の高等警察士官の敎養方法は、將來大に改善するの必要がある、卽警察大學(Polizeiakademie)の基礎を爲すべきものである。

高等警察學校は、十二級に分ち、敎授時間は一回四十五分間繼續して居る、所謂短時間敎習(Kurze Stunde)と稱するものである。

生徒の數は平均二百人の者が現存し、一ヶ年に二三回轉換する、校長の方針は一組は二十四人位となし、成るべく少數の組を作る事として居るが、其の趣旨とする處は、生徒と敎授との間に密接なる連絡を保たしめんが爲めである。

敎師は曾て警察官たりし者を以て之に充て、殊に實地的敎材を施す爲には、先に警察士官たる經歷を有する者より採用するの必要があるからである。又敎師には曾て陸軍の法務官たりし者をも採用して居り、總計二十五人である、而して其の多數は警察少佐で、少數の警察中尉及警察少尉もあり、學校の校舍は舊騎兵大隊練習所を以て充てて居る。

敎科書は別段に定めては居らぬが、敎科の基礎材料としては、法規類纂を使用して居り、其の他生徒は隨意に私的參考書として種々のものを用ひて居る。殊にネーゼ氏や、レッツラフ氏の敎科書が使用せられて居る。

生徒は單身者は勿論、既婚の者も學校内に住居して生徒互に晩餐を共にして居る。

學校は敎務部と庶務部の二つに分たれ、互に同等の地位に置かれてある。而して庶務部の一ヶ年の經常費は、約六十萬金貨馬である。

學科目に就てヘック校長の唱ふる處に依れば、主要の講習科目は、刑事學よりは寧ろ營業警察及警察行政法であると、蓋し此等のものは、時節柄警察官の執務上に最も必要であるからである。

校長ヘック大佐の職務上の經歷は、一八八九年森林官試補として、警察の事務に從事したるを初めとし、ポッツダムやプラッツの警察署長となり、後警察大尉となり、其の後少佐に昇進、一九二一年夏警察大佐に進み、現職に就いたのである。

獨逸バイエルン聯邦國に於ても、獨立の警察高等學校が出來たが、其の他の聯邦には未だ之が設置を見ない。併しヘッセンやウュルテムブルグ等には、警察士官學校を作らんとの計畫を立てゝ居る。

アイへの警察高等學校には、他の聯邦國よりも聽講生の入學を許して居る。但し費用は關係聯邦國が負擔する事となつて居る。

警察高等學校に入學せしむるには、採用試驗を行ふ事が必要であるにも拘らず未だ之を實行し居らざるが爲め、從來往々不適當の人物が入學した事がある。是れ畢竟其の人選方が、上司の情實に依り、重きを人物の才能に置かざるものがあるからである。

又警察少佐たるべき爲めに、講習科の學科を修めんとする警察大尉は、其の果して入學に適するや否やを定むる爲めに、試驗委員會に諮問せられ、而して委員中には三四の警視廳の人々も任命せられて居る。

アイへの警察高等學校の一般生徒は、入學より五ヶ月の後に試驗を行ひ、其の成績不完全の者ある時は、退學を命ずることもある。又試驗は口述の外に宿題を課して居る。尚入學後九ヶ月に卒業試驗を行ふて居る。

手當は通常家族の爲めに定められたるものの外に、入學中に於ける格別の日當が給せられて居る。

第二項　普國體操警察學校（Polizeischule fuer Lebensuebungen）

スパンダウ、ルーヘレーベン（Spandau-Ruheleben）の體操警察學校は、國立にして內務大臣に直屬し、身體の訓練及武器の使用方法等を訓練して居る。曾て歐洲大戰迄は軍隊より警察官を採用し來れるが、ヴェルサイユの平和條約に依り、軍隊の減少したる爲め、軍隊出身者中より警察官を採用するは、困難なる事情となりたる爲め、警察志願者に對し、身體の鍛錬は勿論、武器使用等種々軍隊的訓練を行ふの必要を生じ來りたるに因り設立せられたのである。

第三項　普國警察犬練習所

普國には特殊の敎育機關として、一九一二年の設立に係る國立の警察犬練習所の設ありて、內務大臣の直屬である、此の練習所は、警察犬の訓練と之が使用者たる警察官を養成する所である。

而して警察官に對しては、廣く獨逸各國より之が希望者を集め訓練を施して居る。

職員としては食糧係員、藥品係員、獸醫及數人の敎師がある。

又設備としては、事務室、畜舍、醫務室、犬の食物を作るべき炊事場及犬の訓練用の爲めにする各種の障害物等の設がある。

一回の講習期間は八週間にして一ヶ年四回開催する。

又警察官吏は誰人も入學し得るが、入學者は必ず犬を携へ來るべきである。

第二款　米國

第一項　米國一般

米國に於ても、近時高等警察學校設立の聲漸く高く、最近一九二三年、紐育に開催せられたる國際警察會議の席上でも、警察大學(Police College)設立の說起り、未だ決議には至らないが、其の趣旨とする處は、警察も亦他の科學と同樣に、高等の敎育を施すの必要ありと主張せられ、又警察の敎育は學科の硏究よりも、實務の經驗が必要であるとの議論盛に唱へられた次第である。

第二項　加州バークレー市警察官高等敎育

米國では警察の組織が、我邦の如く中央的でないから、別段に中央警察敎育機關の設もないが、こゝに高等の警察敎育を施す上に於て、世界に比類なき組織を有して居るのは、加州桑港及オークランドに接せるバークレー(Berkeley)市である、其の市の前警察長は、オーガスト・ヴォルマー(August Vollmer)で、同氏は在職十三年の經驗に依り、今日合衆國に於ける警察及刑事學の權威者である。同氏はシカゴに於て發刊する刑法及刑事學雜誌の編纂員で、一九二一年のセントルイス萬國警察官會議の席上でも、會長に推された人で、米國警察界では、頗る信用ある人格者として認められて居る人てある。

氏の警察官採用の方針は、體格の外に殊に智力と云ふ事に重きを置き、殊に犯罪や違法行爲の下に横はれる原則を了解せしめ置くことが、必要であると主張して居る。從つて巡査を採用するに當つても、智力測定方法に依つて居る。又氏の說は「警察官が民衆に接觸するに當り、腕力を用ふるの必要ある時は、先づ以て智力を使用せよ」と云ふのである。

又余の殊に氏に敬意を表する所以は、其の採用方針が、苟も身を警察界に立てんとする者は、專心斯界の爲めに盡さんとするものなる事を要し、徒らに衣食の爲めにする者の如きは、之を排除して居ることである。此の點が我邦に於ても頗る注意を拂ふべき事である。

而して氏の理想は、總ての巡査をして大學卒業生と同一程度の能力を有せしめんとするのである。故に大學の講義を了解し得る位の中學出身者でなければ、巡査に採用せぬのである。而して一度採用した者に對しては、非番當日に於て三ヶ年を期し、大學出身者位の程度に迄育成すべく努力して居る。尙現に全巡査中其の三分の一以上は、既に大學を卒業せる者を含んで居ると云ふ事である。

授業時間は、非番日に於て毎週一時間乃至五時間として居る。

各科目は詳細に規定せられて居り、例へば救急法、瓦斯に對する取扱方法、頻死者の蘇生方法、火傷者若くは創痍者に對する繃帶措置方法其の他普通の手當、擔架術、群衆運動に於ける應急手段等、盛に實地的方面の訓練をも奬勵して居る。

バークレー市の警察には、數年來ベルチロン式の人身測定法、指紋等に付きて敎習し、尙刑事學、精神病學其の他之に關係ある事項に付、專門家の講義を聞かしめて居るのである。卽敎養に付いては、ヴォルマー氏自ら陣頭に立つて警察組織、警察行政、警察實務等を分擔し、別に醫學の方面に於ては、理學、生理、解剖、顯微鏡學等を敎へ、又心理學は勿論裁判化學、犯罪寫眞、應用法學、文書鑑定等を敎授し、尚特別講演もあり、又時には犯罪者自身の實驗談をも聞かしめる事もある。

バークレー市の警察には、從來敎習所の設がなかつたが、近時新に之が設備を見るに至り、所長は警察長を以て之に充て、之が管理は市長、衞生部長、敎育部長、市會議員、敎習所長、學監竝に敎授等より成れる評議員會に屬して居る。

敎科目は左の如くである。

第一年　物理學、化學、生物學、生理學、解剖學、刑事學、人類學、遺傳學、毒物學

第二年　犯罪心理學、精神病學、理論及應用、刑事學、警察行政、警察手續

第三年　微生物學、寄生虫學、顯微鏡分析、公衆衞生、救急療法、法學通論、刑法

何れの事業も其の人を得て始めて成るものなる以上は、バークレーの警察もヴオルマー氏に依りて始めて其の聲名を博し居る次第である。獨逸人ウエンチエル警察少佐の如きも、夙にバークレーの事を獨逸警察雜誌中に發表し、余も數年前氏を介して始めて之を知り得たるもので、其の後我邦より警察視察の爲めに歐米に

遊ぶ者には、必ずバークレーを見學すべく勸めて居る次第である。

第三款　支那北京高等警察學校

支那には大正二年以來北京に我邦の內務省に該當すべき內務部の設があつて高等警察學校は之に屬して居る。

校長は王揚擯氏で、氏は米國紐育大學の卒業生で、夙に歐米に遊んで警察の事を調査研究し、特に支那國に警察敎育の必要なるを感じ、遂に同校を建設したのである。氏は現に內務部警政司長(警保局長に該當す)の職に在る人である。

修學期間は三年間で、入學資格は法律專門學校の卒業生たる事を要し、職員は校長、學監、敎授、助敎授及書記等である。又講師は多數で、米國人獨逸人、等をも採用し、米國人は電氣、獨逸人は指紋法を敎授して居る。支那人の敎師は、北京大學の卒業生や外國留學を爲したる事ある者等より採用して居る。

又授業時間は每日午前八時より午後四時迄とし、授業料は一ヶ年六十圓と定められて居る。

學科目は左の如きものである。

警察官の責任論、警察例規、警察要旨、世界の警察、司法制度、刑法、豫審、裁判權、指紋法、警察犬、建築警察、消防、電氣、憲法、市政、戸籍、國籍、國勢調査、民法、英文、獨文、佛文、日文、體操、馬術、兵術等で又技正技師となり得る者の學科は指紋法や建築、電氣等てある。

學校の設備は八つの教室を有し、其の他體操室、禮拝堂、寄宿舎等も具備して居るとの事てある。

卒業後は高等官試驗合格者の資格を與へ、警正（警視）となり得るのである。

又卒業後二ヶ年間は專門科に入り得るのてあつて、該生徒は警正資格者中より採用して居る。

米國シカゴの社會事業家テーラー博士（Dr. Gralam Taylor）は、大正十一年北京に遊び、高等警察學校を參觀して曰く「北京に於て感心すべきものは何等なかりしも、我米國になきものにして獨り支那國に於て勝れるもの此の學校のみ」と。氏は又我邦にも警察講習所の設あるを聞き、歸途囊に燒失したる講習所の新築校舍に來り、參觀した事がある。

第四節　我邦の中央警察教育機關

第一款　沿革

我邦の警察は由來武斷的、抑壓的であつて、國民は警察の恐るべきを知つて、親しむべきを知らなかつたのである。殊に昔時に在りては司法警察に偏し居りたるが故に、自然に斯くの如き風を生じ來つたのである。然るに條約改正の議論が盛となるに從ひ、警察及行刑事務の改善が最も急務となりたる爲め、警察機關に法律其の他の智識を注入するの必要を生じ來つた結果、政府は時勢に鑑み、遂に中央警察教育機關を設くる事とした。而して我邦の中央警察教育機關は、大體左の五期に分つことが出來る。

第一項　第一期警察講習會時代

明治十三年に治罪法が制定されたが、當時の警察は頗る武斷的で學問と云ふ事は度外視されたのである。淸浦子爵の大正十一年五月警察講習所落成式に於ける祝辭演說の辭に徵するに、治罪法の制定の爲め一般に頗る覺醒したものと見へ警視廳でも刑法、治罪法を攻究する事となり、子爵が治罪法制定委員たりし關係から、之を講述されたが、園田、大浦諸氏其の他各署長も熱心に聽講したと云ふ事である。

又今より四十餘年前樺山警視總監は、穗積陳重博士を訪ふて言はるるには「從來の警察官は多く軍人出身者で、自分も軍人出身なるが、新しき文明の警察と云ふ事に就ては少しも準備がない故に、刑法、警察法に關し、警視廳に於て講義を願いたい」との事で博士は其の將來に對する慮りの周到なるに感じ之を快諾し、以來明治十五年から向ヶ岡の彌生ヶ岡に警視廳の集會所があつた故、每週一回講義を行ひ、樺山總監、綿貫副總監を首めとし、園田、大浦、佐和、小野田の各警視之に臨まれ、各署長も事務に差支なき限り出席して、此の講義を聽く事となつた。講義は有名なる大著述伯林大學のモール教授の警察學及スタイン氏の警察學を參考として說述されたが、此の警察首腦者の集會は明治十五年より大迫、三島の兩總監時代を經て同十九年迄も續いたのである。(警察協會雜誌第二六五號穗積博士警察講習所落成式上講演參考)。

第二項　第二期警官練習所時代(四ヶ年)

明治十七年二月山縣內務卿の之が設立建議書の要旨中に、「小官竊ニ以爲ラク、內治ノ進マムコトヲ望マハ、先ツ警察ノ實ヲ擧クルニ在リ、今日ノ警察ハ其ノ形態ヲ成シテ未タ精神完カラス、之ヲ訓練スルノ必要玆ニ生シ、警察官吏ヲシテ上行政ノ學ニ通セシメ、下今日ノ事務ニ練熟セシメ（中略）獨逸國ノ警察官ニシテ學務兼到ル者一人ヲ聘招シ、我カ警部以上ノ人ヲ訓練セシメムトス云々」と

是に於てウイルヘルム、ヘーン（Wilhelm Hoehn）氏は其の聘に應じて來朝し、獨逸警察法の外、體操、消防及ポンプの使用方法を講じ、又邦人としては磯部四郎氏は刑法及治罪法を、清浦圭吾氏は警察法を、後藤新平氏は衞生行政法を、各擔當講述せられたのである。

ヘーン氏は任期滿ちて再び伯林に歸り、方面監督の任に在りたる後、一八九二年十二月遂に逝去したのである。氏の訃を聞くや、警官練習所出身者は氏の爲めに碑石を向島三圍神社内に建設した。其の篆額は山縣公爵之を書し、碑文は清浦子爵の選文に係る、其の文に曰く、

「警察ノ體ハ紀律ニ在リ紀律整ハサレハ警察ノ任何ニ由リテカ之ヲ保タン。警察ノ用ハ勤勉ニ在リ勤勉苟クモ至ラサレハ警察ノ職何レノ所ニカ之ヲ盡サム。

嗟呼普國警察大尉ヘーン君ノ如キハ實ニ身ヲ以テ此ノ二者ヲ具ヘ警察ノ師表タルニ餘アリト謂フヘシ。(中略)未タ曾テ一日ヲ曠廢セス適々疾病ニ罹ルモ務メテ其ノ業ヲ採リ幾微モ辭色ニ見ハレタルコトナシ。君ハ口ヲ以テ警察ノ勤勉ヲ説クノミナラス、其ノ身實ニ之カ儀表トナレリ。(中略)授業ニ臨ムヤ一秒タモ時間ヲ過サス、音吐嚴肅容貌端正其ノ服ハ粗野ヲ極メタレトモ敢テ一點ノ汚ヲ着ケス、其靴ハ古色ヲ帶ヒタレトモ常ニ澤々トシテ光アリ、君ハ以テ警察ノ紀律ヲ説クノミナラス身實ニ之カ模範トナレリ。古人ノ言ニ行ヲ省ミ、言ヲ省ルト言ヒシハ君ノ謂ニアラスヤ。(中略)君ハ敎授ノ暇ニハ命ヲ奉シテ我邦警察ノ實況ヲ視察シ、西ハ九州ニ趨キ、沖繩縣ニ航シ、東ハ奥州地方ヨリ北海道ニ至ル。歸レハ必ス復命書ヲ提シテ其ノ論及スル處、大觀精察各其ノ宜ニ適シ、苟クモ美ナルモノハ悉ク擧ケテ之ヲ奬勵シ、其ノ弊ノ存スル處ハ細大指摘シテ之カ矯正ニ努メタリ。(中略)君ノ我邦警察ニ於テ直接間接ニ其ノ力ヲ致セシコト實ニ大ナリト謂フヘシ。(中略)君病ヲ以テ伯林府ニ沒ス。實ニ我明治二十五年十二月三十日ナリ。君ノ余ト手ヲ伯林府ニ別ツヤ慇懃ニ再遊ヲ約シ、思慕低徊殆ト我邦ヲ忘ル能ハサルモノ

シ異ニ地明幽朝一ンラ圖ゾ何リ在ニ目猶今テシト恍容音ノ其キリナク如ノ

再會相期スヘカラサルニ至ラムトハ云々。

ヘーン氏の我邦警察の爲めに貢献せることは、斯くの如く偉大であつた。清浦氏は曾て余に向ひ言はるるに、「氏の學識は暫く之を措き、其の人格は實に嘆賞に値することと、恰も我邦司法界に貢献せられたるボアッナード氏に相似て、實に我邦に於ける外國人の二人者である」と。又余の同鄕の先輩で、曾て久しく地方長官の職に在りたる故船越男爵も、ヘーン氏が地方巡視の際、忌憚なく縣の實際上の執務方法に就て批評を試み、之が改善を期することに對し、極めて熱心であつた狀況を語られた事があるが、此等の事に徵するも、如何に氏の地方巡視が、當時地方長官や警察部長等に、多大の刺戟を與へたるかの一端が察せられる次第である。又伯林巡查隊創立五十年の警察沿革誌中にも、ヘーン氏が我邦の警察の爲めに貢献せられた事を以て伯林警察の名譽として揭げて居る。又一八九一年氏の我邦を去りたる後、全國各地に於ける警察官は、當時の日本駐剳獨逸公使フォルレーベン氏に對し常にヘーン氏の消息如何を尋ねた趣である。同公使は獨逸外務大臣に其の旨を報告して曰く「余が日本内地を巡視中、警察官より直接にヘーン氏の批評を屢々耳にするは、當時氏が如何に日本警察界の爲めに貢献したるかの一端を察するに足るべき何よりの證據であつて、日本政府の公の報告に勝るべき活材料である云々」と、又以て氏の德望の一端を察し得べきである。

獨逸人ウエンチエル氏は、我邦警察敎育の沿革を論じて曰く「日本警察は國家主義であつて且つ統一的組織を有して居る。而して警察敎育の沿革上日本警察は、獨逸に最も關係があるのである。卽伯林のヘーン警察大尉は前世紀の一八九〇年の初めに於て、警官練習所の敎師となり、又日本政府警察顧問となつて、各地到る處に非常の尊敬を拂はれ、今尙永く記憶されて居るのである。警官練習所出身者は、一八九三年記念碑を立てたが、該碑は粗末ではあるが其の碑文の內容は頗る光輝あるものである云々」と。

又警官練習所に於ては、ヘーン氏の外に巡査の經歷を有し且稍學術の素養ある警察曹長級の獨逸警察官吏二人を招聘して、我邦の巡査を敎養せしめたのである。

練習所は赤坂葵町靈南坂(今の大倉高等商業學校の處)に新築せられ、寄宿舍の設もあつたが、校舍燒失の後遂に廢校となつたのである。

練習所は五百五十三人の卒業者を出し、其の內には現に地方裁判所檢事正の職に在る人もある。

修學期間は最初警部十二ヶ月、巡査八ヶ月であつたが、後警部は十五ヶ月、巡査は十二ヶ月に改めたのである。

第三項　第三期警察監獄學校時代(六ヶ年間)

警官練習所廢止以來十餘年間、警察官の敎養機關は全く缺けて居つたのであるが、條約改正の時期に際會し、外國人に對し警察及行刑の信用を得せしむるの必要に迫り、伊藤內閣の時、芳川內務大臣は之が計畫を試みられ、余も有松內務書記官と共に之が協議に與り、遂に明治三十二年九月始めて開校し、六ヶ年間繼續したものである。

當時校舍は麴町區霞關の元陸軍敎導團跡を借受け、別に寄宿舍の設備はなかつたのである。

有松氏は渡歐中獨逸人傭聘の爲めに盡力せられ、終にコイデル氏及クリユーゲル警察中尉の兩人を聘する事となつた。

余は開校の後、内務省警務課長より警視兼内務書記官に轉任したるが、其の初めの間は每週四時間宛警察法の講義を擔當したのである。

志願者は何人に限らず試驗の上自費入校を許し、警察官に必要なる精神敎育を施すを主とし、併せて法律學及警察法の大意を敎習せしめ、卒業の上は試驗を要せず文官普通試驗委員の詮衡を經て判任官に任用せらるるの資格を與へ、警部候補者を作らんとするの趣旨であつた。併し實際上に於ては、當分現職の者のみ入學を許して居つたのである。

要するに警察監獄學校の創立は、曩に警官練習所が内務省の下に設けられ、頗る好成績を得たるを以て、將來警察事務の進歩を計るには、之を今日再興することが最も急務であるとの理由を以て、之が閣議を請ひたる次第である。

校長は内務次官兼任し、敎授は五人にして、幹事は一人であつた。

經費は總て國費の負擔に屬し、豫算額は一ヶ年多きは十萬九千圓に達し、平均一ヶ年八萬五千圓餘であつた。又生徒には國費より旅費、手當等を支給した。

卒業生は一千六十八人中、警察科に屬するものは第一種生第二種生及準生徒を合して六百人に過ぎなかつた。

修業期間は本科は最初六ヶ月であつたが、第二年から一ヶ年となした。此の有益なる教養機關も明治三十七年二月行政整理の結果、遺憾ながら遂に之を廢止する事となつたのである。

第四項　第四期警察協會立警察官練習所時代(十ヶ年)

日露戰役後我邦と歐米との交通は益々頻繁となつて來たので、國家財政上の見地から曩に警察敎育機關は廢止せられたけれども、時節柄警察敎育は一日も等閑に附することを許さない實狀であつたので、我邦警察官吏より徵收する會費を基礎として成立し居れる警察協會の經費を以て、之を再興する事となつた。時に明治四十二年二月であつた。校舍は一時之を他より借入れたが、後同四十五年麴町區大手町に校舍を建築した。修業期間は六ヶ月であつたが、相當の成績を擧げたる次第である。

消防及刑事の特別講習は、每期各三ヶ月であつたが、此の講習は內務省で主催し協會は其の敎養を囑託せられたものである。

所長は內務次官に、講師は內務省、警視廳及其の他各方面の士に囑託した。練習所は十ヶ年の久しきに亘り、十八期一千六百六十四人の卒業者を出したのである。而して此の經營に對しては、始終盡力したる後藤狂夫君の功勞は永く之を沒却してはならぬ。

第五項　第五期現警察講習所時代(大正七年以降)

一　講習所設立の經過

朝鮮及臺灣では總督府に於て又關東州では關東廳に於て、各警察敎育機關は中央に於て統一せられて居る。殊に現職の警察官に對する敎育も、亦此處に行はれて居るのである。

時代の進步は內地に於てもここに見る處あり、中央警察敎育は、警察協會の如き私立の經營に委すべきものでないとの理由の下に、大正七年五月勅令第百五十五號警察講習所官制に基き、國費を以て警察講習所を設立し、內務大臣の管理に屬せしめ、警察官吏若くは消防官吏又は將來警察官吏若くは消防官吏に採用するの見込ある者に對し、警察及消防に關する學者竝に其運用を敎授する處となし、講習所長は內務大臣の指揮監督を受け、所務を掌理することとなり、同年七月一日を以て授業を開始した。創立に際しては寺內伯、後藤男、水野博士、永田秀次郞君、山縣治郞君等を多とせねばならぬ「又講習所としては、所長道岡秀彥君を始め、平賀周、後藤猛夫君等の勞力をも謝せねばならぬ。殊に余の初めより就任すべきのに、故ありて一時中止となりしは、遺憾であつた。其後一年を經て、床次內相時代終に余の就任を見たが、殊に高橋藏相は余の犧牲的精神を多として他の反對論を排し、大正九年新校舍の豫算を決定され、同十一年五月麴町區元衞町に新築校舍を見るに至り、落成式には床次內相、大木法相、清浦樞密院議長、樞密顧問官穗積男、東京市長後藤男、朝鮮總督府政務總官水野博士、各府縣知事、警察部長等も來會し、頗る盛會を極めた次第である。而して此等の賓客は、何れも警察敎育に關する有益なる祝辭演說を試みられた次第である。而して此新廳舍は不幸、大正十二年九月一日大震災の際類燒の厄に遭ひ、今や再び麴町區大手町二丁目に現校舍の新築を見るに至つたのである。

二　講習所設立の趣旨

講習所設立の趣旨は、警察官は社會萬端的の危害を排除し、公衆の秩序を將來に保持するの責任がある。殊に我邦の警察は其の職務の範圍外國に例なき程廣汎てあつて、且つ執行の複雜なる殆ど其の比を見ない程である。況んや警察活動の中心たるべき警部及警部補は、廣く內外の事務に當らねばならぬ。而して水火災の防止、犯罪の豫防、檢擧、傳染病の撲滅、飮食物藥品類取締、汽罐、汽機、電氣、工作物等の視察、爆發性又は發火性危險物の監査、其の他種々の事項は限りがない。而して人智の發達に伴ひ、惡手段の犯罪は益々增加するが故に、警察官に科學的智識を注入する事は愈々必要となり、又法制は益々多きを加へ、法律的智識を與ふることも緊要となつて來たのである。加ふるに勇往邁進、難に當るには、武力を具へしむることも必要である。然るに我邦の敎育上の設備を見るに、或は單に法學を敎へ、醫學又は工學を敎へ、武術を專修するものあるも、此等の諸科を調和して、更に警察官として必要なる特殊の訓練を與ふるの施設なき故、他の法律學校と異り、法律智識の外に、前に列擧したる各種の科學的智識は勿論、殊に又最も力を警察精神涵養の方面に致すの必要があるのである。水野內相が大正十二年三月第五期生修業證書授與式の席上、講習所は單に智識を修得する處ではない、其の主たる目的は精神の修養に在ると言はれたのも偶然でない。

三　本科の學科目

今本科の學科目を擧ぐれば左の如きものである。

訓育、憲法、行政法、警察學、警察の沿革史、警察行政及衞生行政、刑法、刑事訴訟法、民法大要、商法大要、國際法、經濟學及勞働問題、社會事業、犯罪搜査法、犯罪心理學、法醫學、衞生學及傳染病學、消防、警察取締に屬する理化學及工學の大要、點檢、禮式、操練、武道等であつて、其の他必要に應じ臨時講演及實地見學等をも行つて居る。殊に夏季に於ては從來團體的修學旅行を試み、見聞を廣むると共に心身の訓練を行つて居るが、是れ又種々の點に於て、其の效果の頗る顯著なるものと認めらるゝ次第である。

四　特科講習

特科敎育は短期間ではあるが、警察能率發揮上頗る好成績を示して居る。而して從前施行したる特科敎育は、高等、保安、外事、消防、刑事、水上等の警察を初め、警視階級の爲め又は警察敎育者の爲めにも講習を開催したのである。殊に其の內、外事は二回、消防は四回、刑事は六回の講習を行つたのである。

今試に特科講習に付之が狀況を述ぶれば左の如くである。

（イ）刑事講習

刑事警察は文明の進歩と共に、益々注意を拂ふの必要あるは言を俟たない處であつて、加ふるに刑事訴訟法の改正せられたる今日、刑事警察に關する講習の緊要なる事は、一層切なるものがある。殊に刑事警察官は人情の機微に觸れねばならぬので、講習の要諦も實行を旨とし、其の應用に便ならしむる樣に努めねばならぬ。而して之に關する講師は何れも實際家を以て之に當て、其の身分が奏任官たると判任官たるとの如きは、少しも問ふ處ではなく、要は苟くも其の途に堪能なる人を擧げて講師と仰いで居る次第である。

講習科目は警察一般、搜査總論、銀行會社犯、詐欺、强竊盜、贋幣、殺人、放火、賭博、不良少年、刑事訴訟法、刑事手續、刑法、精神病、法醫學等であつて、殊に改正刑事訴訟法公布後は該法に付き特に一段の注意を拂つて居る。

（ロ）消防講習

一般警察官中には、消防に關する智識を缺如して居る者が甚だ多いので、之が智識の注入は災害豫防の上から見ても、極めて緊要の事である。

消防講習は、最初は警部補以上の者を召集し、後には六大都市に於ける特設消防の消防曹長を召集して教養したのである。

其の學科目は一般消防制度、消防法規、爆發物、火災警察、建築警察、火災報知機、電氣、人命救助、火災保險等である。

講習生中には、見學生として東京の消防署に宿泊し、自ら火災現場に出動せる者もあつて、實際的方面よりも多大の成績を收めて居る。此の方法は伯林消防本部に於ても實行せる所で、余も曾て數週間伯林消防隊本部に起居し、自から火災場にも出張し、種々實地的訓練をも受けたる事がある。伯林では之を志願練習生（ウオロンテール）と稱して居る。

消防講習に就ては將來經費の許すあれば、全國消防組の組頭を或る一定の標準に依り召集し、短期間の教養訓練を施す事も著しき效果ある事と信ずる。第四回講習に於ては聽講生として之を許したるが、頗る活氣を呈した次第である。

（八）　外事警察講習

本講習は一ヶ月の期間で、生徒は中等教育を終へたる巡査部長以上の者を召集し、殊に府縣の外事警察に關係を有する者を召集したのである又其後最近第二回を開催し相當の成績を得たる次第である。

元來我邦では地理上の關係から、外國人の特殊的人情や風俗を知る事の乏しきは、亦已むを得ざる事情もあるが、警察官の如き、外人の保護及取締に從事する者に在りては、殊に之に通じて居るの必要がある、然らざれば往々誤解を起し易く、甚しきは其の結果國交上に迄も影響を及ぼす事も尠くない。外人警察の研究の急務なるは、實に時代の要求で、警察官に其の智識充實するに於ては、自然に我邦に來遊する外人に對しても、滿足を與へ得る次第である。

此等の必要より外事警察講習會を催ふし、講師は外務省、參謀本部其の他より外人に接近し經驗ある者、又は外國事情に通曉せる人々等を招聘したのである。

此の講習に依りて各國の活事情は勿論、國際聯盟、外國犯人引渡其の他外事警察關係の事項等を廣く敎授したのである。

(二) 水上警察講習

水上警察講習は海運の盛なる現時、大に之を奬勵するの必要あるにも拘らず、由來兎角一般警察界よりは傳統的に之が存在を認められざるの風あるが故に、之が講習會開催の必要を感じ、船舶法、稅關、築港、外國犯人の引渡其の他水上警察に關係ある事項を敎養したのであるが、是れ亦斯界の爲め多大の刺戟を與へたる次第で、爾來も度々之が開催の督促ある事他の敎科と異る所はない。

（ホ）高等警察講習

高等警察に關する講習も、我邦に於ける最初の試であつて、殊に思想問題の喧しき當時之が講習の必要なるは勿論で、大學敎授を初め其の他各方面より講師を聘したのである。殊に講義錄をも發刊したる故、其の廣く斯界を裨益したるのは言ふ迄もない。

（ヘ）保安警察講習

保安警察は、文化警察中最も重要の事項であるから、之が講習會をも開催した次第であつて、其の學科目の主なるものは、社會政策、建築警察、勞働者保護、精神病、活動寫眞、爆發物其の他危險物、賣淫問題、自動車、航空機等であつた。

（ト）警視階級者に對する講習

余は豫てから警察の最高幹部の講習の必要を認めて居つたが、遂に之を實行する事となつた。

講師は內務省の各局長階級の人々は勿論、其の他要路の士に囑託し、各種の社會問題其の他幹部員に必要なる學科を敎養せしむる事とした。是れ亦其の成績の見るべきものあり、全國に對し多大の影響を及ぼしたる次第である。

（チ）警察敎育者に對する講習

曩に巡査敎習所長會議を開きたる以上は、又敎官の講習が必らず效果あるべしと信じ、こゝに之を開催する事となつたが、講師は之を高等師範學校敎授其の他平素實際敎育に從事して居る者の中から需め、敎習科目は警察訓育、敎育學、社會學、心理學等を初めとし、苟くも警察敎育上必要と信ずる事項を敎授したが、其の全國警察敎育上に及ぼした影響の尠くないのは勿論である。爾來彼等の敎育に對する信念は、非常に向上し、自重心も自から發生して來た次第である。

五　講習所出身者の成績

講習所の創立は日尚淺く、經費も頗る寡少なるにも拘らず、今日迄比較的多數の卒業者を出して居る。卽第一期より第八期迄八學年間に本科生一千人餘を計上して居るが、併し全國中の警部、警部補の總數より云へば僅少のものである、又特科生は千四百二十七人の多きを出して居る次第である。

本科生は少數の警部の外大多數は警部補であるが、之が敎鞭の任に當る人は、概して斯界の權威者なるが故に、其の成績は極めて見るべきもの多く、卒業者の大部分は漸次警部補より警部に昇進し、且つ現に警察部及警察署の要路を占め居り、中には高等試驗其の他の國家試驗に合格した者も少くない、又警視になつた者も數名ある。

六　講習所の將來

警察講習所の沿革及現況は、大要以上述べた通りであるが、將來大に之が改善の必要がある。歐米に於ては夙に勞働者の幹部に對し、勞働大學の設さへある今日、民衆を直接環境とせる我が警察社會に、未だ警察大學の設なきは、我邦の如く警察改善の急を要する國柄に於ては、殊に遺憾とする處である。今に於て斯の如き問題を輕視するは、國家將來の爲めに誠に憂慮に堪へない次第である。之を露國の舊帝室時代の警察の跡に照すも、今に於て我邦が力を警察官の敎養に致すことは、寔に刻下の急務である。我邦の陸海軍の世界に卓越せる所以も、畢竟敎育の力が與つて大なるものあるは、識者を俟たずして明である。卽陸海軍に於ては、夙に大學を創設し、殊に陸軍の如きは軍事敎育の全體を統一連絡せしむる爲め、特に敎育總監の職を置き、總監は天皇に隷屬して居るので居る。

アーサー、ウッヅ氏も米國內に於て警察幹部敎育機關の缺くるを嘆じて曰く、「現在の高級警察官の多くは、皆曾て巡査たりし人々で、特別の準備敎育が與へられて居らぬ（中略）彼は高級警察事務に就ては、何等の智識はない、部下の拔擢、指導、制御、部下奮起の技能等の事は全く知つて居らぬ。（中略）吾々は軍隊に於て士官を養成する爲め士官學校に於て四個年の課程を設け、尙又歐洲大戰當時は戰時士官養成所に於て敎養せるが如き方法に對照して考ふる時は、能くも世間が斯の如き警察幹部に對し、自己の生命財產を委せて安心して居るのに驚かざるを得ない」云々と。

我陸軍に於ける敎育總監部の組織權限は左の如くである。（明治四十一年十二月十九日軍令第二十號敎育總監部條例）

敎育總監部
- 本部（庶務課、第一課、第二課）
- 騎兵監部
- 砲兵監部
- 工兵監部
- 輜重兵監部

（敎育總監部條例第四條）

敎育總監ハ敎育總監部ヲ統轄シ、陸軍砲工學校、陸軍士官學校、陸軍幼年學校、陸軍步兵學校、陸軍戸山學校竝陸軍將校生徒試驗委員ヲ管轄ス（同第三條）

第一課　陸軍步兵學校及陸軍戸山學校ノ敎育及各兵監ノ主管事項中敎育ニ關スル事項竝之ニ關聯スル制度ニ付調査審議等一切ノ事項ヲ整理ス（同第七條）

第二課　主トシテ陸軍砲工學校、陸軍士官學校、陸軍幼年學校ノ敎育及制度ニ關スル事項ニ付調査審議等一切ノ事項ヲ整理ス又陸軍將校生徒ノ召集及試驗ニ關スルコトヲ掌ル（同第八條）

騎兵監、砲兵監、工兵監及輜重兵監ハ敎育總監ニ隷屬シ當該兵科ノ團體ノ敎育上本科専門ノ事項ニ付齊一進步ノ責ニ任シ又當該兵科ニ關スル事項ヲ調査研究審議シ竝立案スルコトヲ掌ル（同第九條）

騎兵監ハ陸軍騎兵學校、砲兵監ハ陸軍野戰砲兵射擊學校及陸軍重砲兵射擊學校、工兵監ハ陸軍工兵學校ヲ管轄ス（同第十條）

砲兵監及工兵監ハ陸軍砲工學校、各兵監ハ陸軍士官學校ヲ巡閲シ各本科學生生徒ノ教習上ニ付意見アルトキハ之ヲ教育總監ニ具申スヘシ（同第十一條）

各兵監ハ主管ノ事項ニ付當該兵科ノ團體ヲ檢閲シ之ニ關スル意見ヲ團體長ニ訓示シ檢閲ヲ終リタルトキハ其實況ヲ總監ニ報告シ關係長官ニ通報ス（同第十二條）

全體余の理想としては、小中學に安全教育を施し、進んで警察專門學校に入らしむる事とせば、警察活動上偉大の效果がある事と信ずるのであるが、從來度々中央警察教育機關の廢止さへ唱へられ、現に今日に於てすら、一般國民の警察教育に對する思想最も幼稚なるが故に、急に此の如き事の實現は頗る困難のことと思ふ。然れば今日の急務は之を内にしては我警察社會に於て、又之を外にしては一般社會に對し警察教育の何ものたるかを普及徹底せしむる事である。

七　余の講習所長就任の經過及理想

余は大正八年四月自ら進んで講習所長の職に就いたのであるが、當時世間では多少余の心事を疑つたものもある故、ここに少しく其の眞相を辯じて置かうと思ふ。卽是より先、余は大正七年四月十五日愛知縣知事在職中、寺內內閣時代に警察講習所設立の內議あるを聞き、時の內務次官水野博士に宛て、私信を以て左の意味の書翰を發したのである。

前略、小生は豫てより創立上至大の關係ある警察協會を改善し（中略）、所謂國民と警察等の事に付きては將來全力を注ぎたく存居り候、今に於て考慮せざれば、我邦の警察は遂に露國（帝朝時代）の如く相成らずやと杞憂致居り候（中略）而して之を實行するには一面は警察講習所長となり、一面は內務監察官となり、地方警察を巡視して其の實情を看破し、又一面は警察協會に對して全責任を有し、之が爲めには多少の組織を改良することも必要と存候、然るに講習所長及監察官の地位は、從來に比し低しとせば、一應斷然地方長官を辭して、豫ての希望たる理想的勇退を實現し、更に改めて低き等級をも顧みず出仕するも一策と存候、（中略）畢竟するに右の事を實行するは、榮達や俗眼を離れて小生の大に覺悟する處に有之候、右は決して急に思付きたることには無之（中略）、又縣治上に於ては幸に是迄五年以上も同一場所に於て、小生の性質を知悉し呉れ候事とて、別段刻下統轄上困難致居候事は毫も無之、此點は御安心相祈り候、故に只今辭職致し候はば、一時は多少妙な考を起す者も有之哉も難計候へ共、誠意は忽ち分明致す事と存候云々。

斯くて余は講習所設立の際、水野内相時代就任する筈であつたが、政府に於て種々の事情があつた爲め、余の願意の條件は容れられず、止むを得ず一時中止の姿となつたが、後原内閣時代床次内相の時、政府は遂に余の願意を容れたので、終に大正八年講習所長の職に就任し、又監察官をも兼ぬる事となつた次第である。是より先、先輩は降等降級を憂へ、一應恩給權を獲得したる上、更に就職せよとの事であつたが、斯くては如何にも恩給取りの感があるので、斷然現職の儘轉勤の事となつたのである。當時の實情は、水野博士が内相辭職後大正八年六月二十八日警察講習所學友會發會式の席上に於て、述べられたる一節にも明であつて、其の言に曰く「警察講習所が出來ました時、松井君が手紙を寄越して任に當らしめて貰ひたい、官等や俸給は下るが、そんな事は毫も意とする所ではない、唯警察の爲めに盡したいからといふのでありました。併しながら其の當時種々の事情がありましたので、創設の際實現することが出來ませんでしたが、此の頃其の議が出まして所長に迎へる事となりました云々」（大正八年學友會々報第一號第二一頁參照）又淸浦子爵も大正十一年六月一日の講習所落成式場に於て「斯人が當初所長とならるるに付きましては、私共も話を受けましたが、官等の高いとか低いとかと云ふが如きは、眼中に置かないと云ふやうなことでありまして（中略）當所の所長に時の內務大臣が採用になつた次第であります」云々（警察協會雜誌第二六四號第六頁）

要するに余の微意の在る所は、明治二十六年以來身を我邦の警察界に投じてより以來、從來他に幾多の勸誘ありたる事あるも、今日迄警察に關係せざる官職に就きたる事はない。蓋し敎育の事を徒らに滔々たる社會の風潮に一任し置かんか、警察の前途は實に憂慮に堪へざるものがある、是れ余が身を挺して微力を警察敎育の爲めに致したいと考へた所以である。然るに爾來既に兎烏五星霜、事實は余の理想に反する事も多いが、併し賴山陽も曾て百年の後には此の迂拙儒を思ひ出す者もあらんとの氣焰を吐いた事もあつたので、余も亦山陽に倣ひ、竊に知己を將來に求めんとするの決心である、況んや今假令余の理想が行はれずとするも、苟も警察敎育は國家百年の神聖なる永久事業なる以上は、警察の永續する限り、警察敎育の滅亡する理由はない。而して徒らに憤慨するも何の益もない故、余は先に數年來の經驗に基き、警察敎育の眞相を有識者に紹介し置きたる次第である。斯くて余は應分の努力を致したる積り故、豫定の行動に基き、退官後は尙進んで廣く國民警察精神の鼓吹に努めんとする決心である。而して之が爲めには警察協會又は日本安全協會の副會長となり、若は東京消防茶話會理事長、社會事業協會專務理事等となり、聊か犬馬の勞を採らんと期して居る。然れども敎養は百年の大計故、傍ら警察官の敎養のためには、將來と雖も素より微力を致さんと欲する、然るに計らずも政府は大正十三年十二月官制を改正し、特に警察講習所に顧問を置き、余を以て之に宛たる故、其の意を諒とし聊か犬馬の勞を採る積りであるが、呉々も一日も速に後說の如き余の宿論が國策として現出せんことを鶴首して期待しつゝある所である。

後藤子爵は流石によく警察敎育の事に徹底して居らるゝが故に、大正十一年の講習所廳舍落成式上に於て「萬一講習所が行政整理や財政整理の爲めに不必要として之を除く事ありと想像せば、それは或は戰慄すべき時代であるが、或はユートピアの時代でありまして、全く現代とは變つた時代になつた時であらねばなりませぬ」と言はれたのは、誠に傾聽に値する言葉である。

警察講習所は將來設備宜しきを得たならば、外國に對しても遜色はないものと信ずる。獨逸人ウェンチェル警察少佐も、獨逸警察雜誌上に我警察講習所の事を詳細歐洲人に紹介した。又大正十二年五月大塚內務書記官は、米國々際警察會議に出席し、我邦の警察講習所を紹介して言はるるには、「我邦の警察組織は、米國と異り全然中央組織であつて、我邦警察の改善は內務省警保局と警察講習所の兩者が之に當つて居る。且つ講習所は第一流の敎授講師を以てし、殊に學科修得の外に品性の陶冶に重きを置いて居り、大に警察社會に貢献しつつある云々」と、斯くて今や警察講習所は世界的に紹介されて居るのである。然れば講習所は益々自重し、事實上我全國警察敎育の活動的中心となるべきは勿論、又東洋警察敎育の指導者となり、更に進んで國際的にも其の實力を具備する程の決心を有せねばならぬ。而して講習所は、從來事實上全國の警察敎育の上に對しては、種々の事を實行し來つて居る。例へば曩に述べたる如くに、大正八年には我邦に於て最初の巡査敎習所長會議を開催し、其の結果全國の警察敎育をして其の向ふ處を知らしめ、現に各府縣では此の方針に依つて警察敎育の實行に努めて居る處も尠くない。其の他敎授講師等の著書の刊行の如き、講義錄の發行の如き、又講習所職員が時々地方に出張して、內は地方警察官に對し、外は民衆に對し、警察思想の鼓吹に努めて居るが如き、何れも皆講習所が聊か犬馬の勞を採りたる微意に外ならぬ次第である。

第二款　警察講習所の改善方法

從來兎角警察教育の事に就ては官民共に之を重要視せざるの風がある。然れば之が爲めには一日も速に之が了解を求むる事が最も急務である。殊に我邦の如き世界に比類なき程警察權活動の範圍が廣汎で、且つ警察の統一的組織を有する國柄ては、徒らに他の國を模倣するの要もなき事故、宜しく各國に率先して將來警察大學の如きものを創設するの意氣ありてこそ、ここに始めて我邦の警察をして世界に雄飛せしむる所以てある。

而して我國情が、今直に警察大學を設くる事の或は困難なる事情ありとすれば、少くも之に近つくべき階段として、講習所に高等科を設くる如き事も、時代の要求てあらねばならぬ。今試に講習所改善案として、實行を要する事柄を擧ぐれば、左の如き事項てある。

第一項　警察講習所の名稱

現在の名稱は、警視廳の警察練習所等と混同し、甚しきは世人往々之を巡査敎習所と誤解する者も尠くない。故に之を高等警察學校と稱する等、苟くも他と混同を避け、名實相適ふ樣の名稱に改むるの必要がある。

第二項　學科別及入學資格者

學科別は本科、高等科、別科及特科の四と爲すこと。

本科生は警部又は警部補級に限ることが適當である。若しも巡査部長級の者をも收容することとなれば、地方の特別敎習生との間に判然たる區別を見ることを得ざる虞ある故、警部補及巡査部長の混同制は過渡時代に於ける例外の場合に限るものである。況んや規律の上に於ても遺憾の點が少くない。

高等科は高等試驗及第者中、警察志願の人物を數ヶ月間敎養し、必らず其の出身者を以て警視又は警察部長等に採用すること。

別科とは一般判任官の資格を有する者、殊に中學校卒業生で、人格體質の具備せる者を一ヶ年間敎養し、卒業後は當分警部補見習生として巡査の事務に從事せしめ、漸次警部補、警部警視等に採用せしむること。

第三項　本科の修業期間

本科の修業期間は從來警察講習所規程（大正七年六月二十八日內務省訓第四〇二號）第二條に依り一ヶ年であつたが、今や急速に全國警察官に對する敎育能率を發揮するの必要上、該規程改正（大正十二年八月二十二日內務省訓第七八八號）の結果、當分の內之を八ヶ月に短縮する事となした。現在は過渡の時代として止むを得ざるとするも、將來は相當の時期に於て一ヶ年に復活せしむるの必要がある。蓋し八ヶ月間では、幹部として必要なる警察敎育を完全に施すこと能はざるが故である。

第四項　出身者に特別資格の附與

本科及別科の卒業者に對しては、特別の資格を與ふることも當然である。卽五ヶ年以上判任官以上の官職に在職して、行政事務に從事し、判任官五級俸以上の俸給を受くる者は、文官高等試驗委員の銓衡を經て、廳府縣警視に任用することを得るが如き所謂特別任用の規定の如きも、講習所本科及別科の卒業生に限り、其の在職年數及俸給額の如きは之を制限するの必要はないと思ふ。

尙時勢の進運に伴ひ、將來は講習所の本科及別科の卒業生に限り、警視に任用せらるるの時代が到來せん事を望むのである。是れ恰も普國が高等警察學校の出身者に限り、警察少尉に任官せしめて居るが如き類である。

第五項　寄宿舍の設置

警察訓育の必要上より見て、之が設置の必要なるは敢て多言を要せざる處である。余は講習所に就職以來常に之が設置を主張して居るが、未だ之が實現を見ないのは頗る遺憾とする處である。若し今之が設備ありとせんか、規律の養成上は勿論、生徒の生活上にも多大の時間を省略し得るのみならず、一面住宅の不便をも防ぎ、惹いては府縣より支給され居る月額手當をも減額する事も出來得べく、又寄宿舍制となれば、自然に單身在京することとなるが故に、勉學上能率を擧ぐる點に於ても、多大の效果を擧げ得る次第である。加之、之あるが爲めに職員と生徒間の親睦を厚くし、且つ生徒間に於ても、起居進退を共にするの關係上から、相互間の懇親をも重ね得る次第である。斯くて在學中の親密關係は、將來各府縣の警察事務の連絡上にも至大の便宜を與へ得る次第である。

我邦に於ても警官練習所時代には寄宿舍の設備あり、現にアイヘや北京の高等警察學校等にも之が設あるは決して偶然でない。

第六項　講習所の所長敎授及助敎授

現講習所の創立の時にも専務講習所長設置の必要なる事は、議會に於ても唱へられたる程であるにも關らず、余の進言も容れられず終に兼務となりたるは頗る遺憾とする所である。畢竟講習所の廢止が絶叫されたるに比しては、倒るゝに優ると云ふの程度ならんか。次に講習所の敎授、助敎授等は、必ず警察出身者より採用することが必要にして此事は現に實行して居る事であるが、斯くてこそ始めて其如何に拘らず、一般生徒間に警察氣質が普及し得るのである。又此等敎授は、内務省の高等官兼務せしめ、傍地方警察の實務を視察せしめ、殊に地方に於ける警察官の敎養状況を巡視せしめ、以て地方と講習所との連絡を密接にする事が必要である。

又内務省警保局や、警視廳及司法省の高等官をして敎授を兼ねしめる事も、警察敎育の能率發揚上に於て甚だ必要の事に屬し、現に之を實行して居るのである。

又助敎授及事務員は成るべく講習所出身者中の優等者を採用し、一面生徒間の協調を計る事が必要で、現に此等の事は之を實行しつゝある次第である。

第七項　講習所に事務官及舍監を置く事

現在の實情は、敎授は何れも皆有爲の人を以て之に充つるが故に、相當の期間を經れば、自然に內務省系統の他の方面に榮轉するのは當然であるが、一面事務の統一を期する爲めに、事務官一人を置き、常に事務に精通せしめ置く事が能率發揮上必要である。

又寄宿舍を設くる以上は舍監を置く事も當然の結果であつて、場合によつては事務官をして兼ねしむるのも一策である。

第八項　警察科學室の設置

警察理化學室、刑事研究室、寫眞室、警察參考品陳列室、圖書室等を完備し、敎材を豐富ならしむる事の急務なるは說明の要なき處である。殊に近時歐洲に於ては、犯罪豫防が著しく科學的に進步して來りたるにも拘らず、兎角我邦に於ては此の點が缺けて居る。今や刑事訴訟法改正後人權は益々尊重せらるる事となり、從來の如き見込搜查等は之を禁止せざるべからざる事となつて來た。故に將來は大に科學的研究を奬勵すべきは當然である。

又余の理想より言へば、一般警察官に成るべく平易なる技術上の智識を注入するの必要なるは勿論で、之と同時に又別に將來は警察技術官をも、講習所に於て專門的に敎養する事が必要である。而して之が爲には將來敎官中にも專門の技術官を置くの必要あるは勿論で、此の事は既に開所の當時に於ても主張せられた處である

第十三章　國策上より見たる我邦警察敎育の改善策

第一節　全國警察敎育の統一

以上余は各章に涉り警察敎育の必要及其の狀況等を說述したが、將來益々之が普及振興に注意すべきは勿論、殊に我邦の如き他國と異り時節柄警察官の權能を發揮することの特に緊要なるべきものに在つては、其の警察組織の統一的なることを利用し、之が敎育監督機關も亦統一することを得んか、其の經費は比較的少きも其の效果を及ぼすことの偉大なるは、實に想像するに難くないのである。我邦警察敎育の實情より推究し來るときは、將來我邦の警察敎育機關は國家百年の大計上、今より警察敎育の國策を樹立し置くことが最も時宜に適したものであつて、其

の方法としては中央に警察敎育總務部を設け、內務大臣の直屬となし、全國の警察官吏及消防官吏の實地訓練及非番敎育等（先に稱する廣義の警察官敎育）を監督し、各種の警察及消防の敎育機關（先に稱する地方警察敎育機關たる巡査敎習所又は警察官練習所又は消防練習所）を統轄し併せて全國の幹部警察官を敎養し（先に稱する警察講習所）加ふるに警察消防に關する各種の必要なる調査研究を行ふ事とせば、庶幾くは全國警察敎育の機能は首尾相應じ、ここに始めて統一的組織なる完全の機關を作製することを得るのである。

而して今試に右に依る警察敎育總務部の組織權限の要領を再說すれば左の如くである。

第一　現に執務中に屬する地方警察官の實地的訓練方法、殊に非番日に於ける敎養方法を指導監督すること。

第二　直接地方警察敎育機關たる巡査敎習所又は警察官練習所若は消防練習所の監督を爲すこと。

第三　現在の警察講習所を存續し、總務部中の重要なる事業と爲すこと。

第四　警察研究調査部を設くる事、即廣く警察及消防に關する調査研究を爲し、世界の大勢に後れざる樣努むること。

第二節　警察幹部の中央的養成

抑々警察講習所は內務省に屬する唯一の警察敎育機關である、而して敎育の事は、性質上他の一般行政と異り、一種の特色を有して居るものなるに拘はらず、時には一般行政と混同し易き虞がある、此の點は地方官廳に於ても同樣であつて、往々巡査敎習所の孤立する所以である。

從來警察講習所に對する非難は、敎授の受持の時間數が一週僅に四五時なる事は餘りに僅少なりとの說もあつたが、其の當否は暫く之を措き、一時は一人十時間以上に及び、寧ろ虐待に近い程であつた、又往々卒業者中に不心得の者があつて、自重心を缺くの結果は、自ら講習所を侮り自殺的の言をなす者がないでもなかつた、此等の類は畢竟例外中の例外に屬し、一般の空氣としては曩に述べたる如く、卒業者は何れも要職に就き、盛に警察態率を擧げつゝあるの實況である。殊に大正十二年の講習所の狀況は大に緊張し、一ヶ年四萬一千圓有餘の僅少なる經費を以て二組を收容し、二百五十人餘の全國の警察幹部員を敎養した程であつた。一度當時の實情を見聞された人は必ず多大の同情を表せられたことと信じて疑はない其の後、再び一組に復活したのも畢竟經費不足の爲に過ぎない。現に最近行政整理の結果は一ケ年僅に四萬圓餘の經費を支出して居るの狀況である。

講習所には從來の本科及特科の外、更に高等科及別科を設け、高等科は高等試驗及第者を入學せしめ、他日警察大學となるの素地をなすべき事、其の他高等科には一定の資格ある者を入學せしめ、卒業者は警察部長に任用し得る事となすのも、人材登用の上に效果あるべしと信ずる。

又別科には中學卒業者中の善良なる者を收容し、尙特別講習は度々之を開催し、以て大に全國警察官の能率增進の爲に盡すの必要なることは今更言ふ迄もない。

第三節　警察研究調査部

我邦には由來警察の研究調査の點殊に缺くる所がある。歐洲では夙に年報其の他種々の調査報告があつて、警察の能率發揮上裨益する所が少くない。我邦の警察統計書の如きも不完全であつて、且つ時期は遲れ其の活用が乏しい、且つ警察法規の編纂の如きも改善すべき餘地が甚だ少くない、故に警察研究調査部を設け、中央に於て、廣く警察消防に關する調査研究を行ひ、殊に地方警察敎育機關の警察敎科書編纂の如きは昔年來の問題なるが故に、之が編纂は勿論、就中警察精神に關する著書の編纂等を初め、各國の警察制度其の他必要なる調査を行ひ、且つ調査研究したる事項は、之を刊行して地方官廳に配布することとせんか、其の廣く我邦の警察社會を裨益することの大なる、敢て多言を要せざる處である。

第十四章　結　論

警察改造の根本問題が敎育の點に歸着することは、今や一般識者の認むる處であつて、是れ其の遲きに似て却つて捷徑なる所以である。各國亦ここに見る處があつて歐洲大戰後益々其の聲の高いのも偶然でない。

警察の改善には國民の自覺が極めて肝要である。今や國民外交、國民軍隊等の唱へらるる今日、殊に普選問題の絕叫せらるるの時、國民皆警察なる見地の下に國民警察の振起せざるべからざる事は智者を俟たずして明である。萬一此の問題を看過し置かんか我邦の前途は實に憂慮に堪へざるものがある。是れ余の將來終世の事業として特に此の方面に微力を致さんとする所以であつて、亦竊かに余の當然行ふべき使命であると信じて居る次第である。況んや世界に比類なき我が國體に於て、萬一警察の基礎が薄弱なりとせんか、國家の不安之より大なるものなく、彼の露國舊帝室の跡に鑑みるも眞に殷鑑遠きに非ざるものがある。

國民に警察的自覺を促すと共に、警察官に敎養を施すの急務なることは、以上各章に於て論究し終りたる處にして、即先づ國民に警察を了解せしめ、國民が自警的に安全思想に徹底することと、警察官の敎養問題とは互に兩々相俟つて、ここに始めて警察の改善も期し得らるる次第である。殊に國民側より言ふ時は、人權尊重の今日、國民が敎育訓練の不十分なる警察官に依り、警察權の行使せらるるに甘ずる如きは、國民自治の未だ發展せざるものなりと解せらるるも亦已むを得ざる處である。又之を警察の方面よりすれば警察官は常に敎育訓練を重ね、警察權の行使は常に眞正であつて、苟くも違法越權なるを許さない。殊に警察幹部は其の與へられたる警察權も頗る重大であつて、且つ多數の部下を指導、監督すべき任に當る者なるが故に、一層智識の修得、精神の鍛錬が徹底して居らねばならぬことは言を俟たざる處である。

軍隊に於ては幹部教育が頗る具體化して居るに反し、警察界に於ては此の點が頗る幼稚であつて、現在の警察幹部中大部分は警部、警部補考試々驗に合格し、又其の他判任官たるの資格を有するに過ぎずして、警察講習所の如き特殊の幹部教育を經て居る者は極めて寥々たるものである。從つて職務の執行上又は部下の指揮監督上等に於て遺憾の點尠からざるは當然である。國民が斯くの如き重大問題を看過するは、畢竟自己の生命、財産に直接關係ある事を無視して何等意に介せざるものと言はねばならぬ。

幹部警察教育が我邦の現狀として最も急務なる事は、前章に於て詳論した處であつて、今更言を要しないが、茲に尚一言すべきは幹部警察官は他の行政官と異り上官の指揮を受くる事なく、單獨に直に執行せねばならぬことが尠くない。換言すれば上司の指揮を俟つ遑なく、單獨專行する場合が多いのである。又團體的行動の場合には陸海軍と同じく、一人の指揮者の措置の如何は全體に對し、非常なる影響を及ぼすものである。故に警察幹部は沈着、果斷にして適當の才能を有するの必要ある以上は、之に組織的教養を行ふの要あるは勿論、其の他高等警察、刑事警察等は其の性質が今日の國情上全國一般的のもの多く、從つて又中央に於て統一的教養を施すの適當なるは今更言ふ迄もない。

警察教育の要旨は其の實績を擧ぐるにある。國民警察教育でも警察官教育でも同樣である。而して之を從來の經驗に照せば其の效果の顯著なるものも頗る多く、就中昨秋の大震災の際の如き、一般に極度の不安に陷り、周章狼狽、思慮適正を缺くの時たるにも拘らず、冷靜にして理性を失はず、勇往邁進能く火災防禦、人命救助に力を盡し、又幾多の突發的事件に對し果斷にして且つ適正に處理して、以て能く兇害を除き人心を安じたる等、誠に嘆賞に値すべき行動を採りたる警察官の尠からざりしは、畢竟警察教育の力が與りて多きに居ると言はねばならぬ。

由是觀之警察教育振興の急務なる事は、殆ど一點の疑なき所なるにも拘らず、往々不幸にして其の眞相が未だ社會に徹底せざるものあるは、余の衷心より遺憾とする處である。甚しきは警察講習所が極めて僅少なる經費なるにも拘らず、行政整の問題とさへなる程で、國家百年の大計上返す〳〵も遺憾とする處である。併し余は徒らに憤慨する者ではない、唯眞に我邦警察界の前途を憂ふるの餘り、首相、内相、藏相其の他當局にも忌憚なき意見を致し、殊に自己の一身は將來國民と警察との爲めに捧ぐべき豫定の行動なるを以て、豫め其の旨を言明し、又此の著に依り將來の國策上敢て忌憚なき意見を大方に吐露する事となしたのである。

惟ふに今や凡ての社會を通じ、活動的精神の振興が急務であつて、軍隊に於て士氣の鼓舞が必要である如く、警察に於ても警察精神の作興が緊要である。而して維新時代は百事創立の時に際し、自から維新的鋭氣が横溢したのであつた。然るに今や社會各方面は、一に經濟問題に偏して來た爲め、人心は漸く萎縮の狀勢を呈して來たのである。此の時に當り凡ての方面に於て改造の聲が高唱せらるるのも偶然でない。警察改造の問題も、其の根本義は警察敎育の方面に存するが故に、前章に述べたる如くに、今より國策上我邦の警察敎育の改造をなす事が實に刻下の急務である。ここに於て始めて人心も緊張し又警察能率をも發揮し得る次第である。故に今若し萬一にも警察敎育の機關を無視するが如きことありとせんか、其の全國警察官の心理作用上に重大の影響あるは鏡に懸けて見るが如く明かである。而して余の國策に關する此の意見が實行されむ事を玆に重ねて衷心より希望して已まざる次第である、又警察敎育の事が、之を外にしては國民間に、之を內にしては警察官の間に、注意を喚起する事を得て、我邦警察敎育上一段の進歩を見るに至らんか、是獨り余一人の欣幸とすべき處のみでなく、又實に國家民衆の至幸と謂ふべきである。

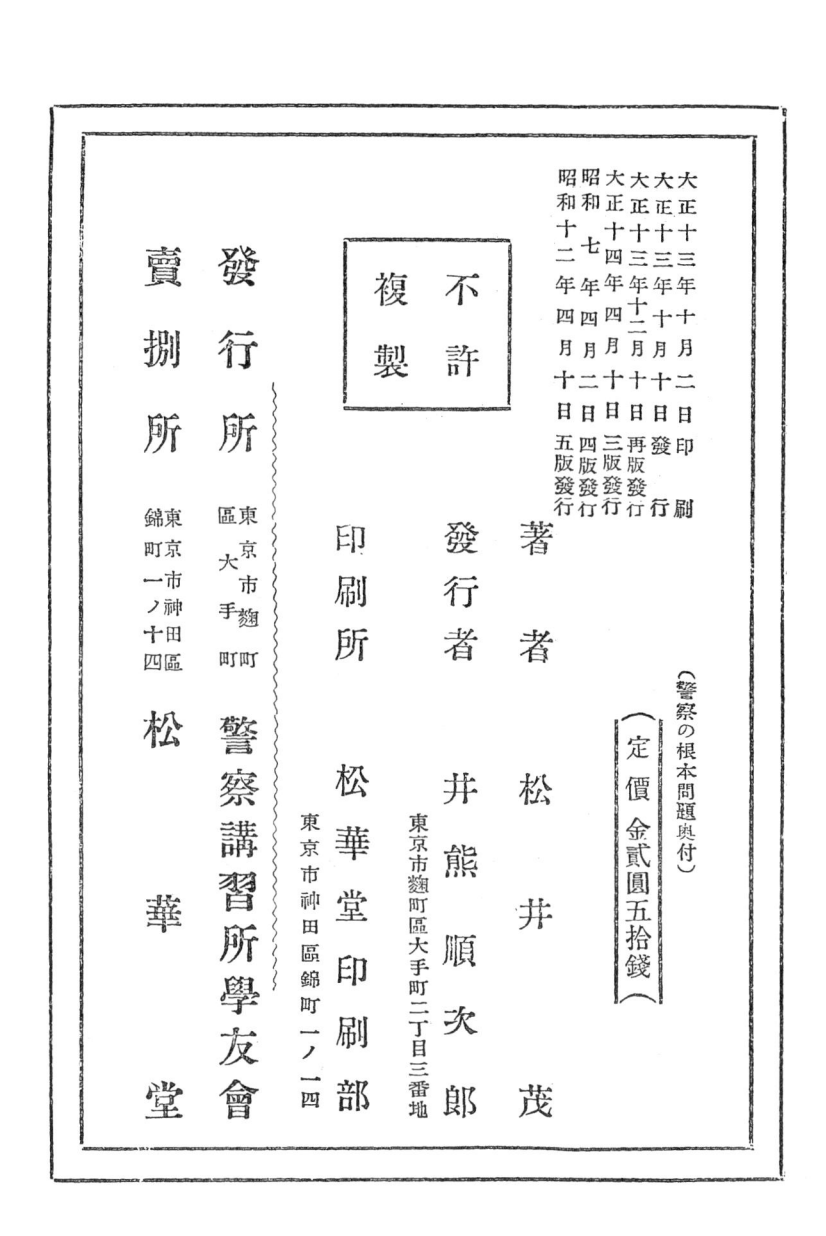

警察の根本問題　終

大正十三年十月二日印刷
大正十三年十月十日發行
大正十三年十二月十日再版發行
大正十四年四月十日三版發行
昭和七年四月二日四版發行
昭和十二年四月十日五版發行

（警察の根本問題奥付）

（定價金貳圓五拾錢）

著者　松井茂

發行者　井熊順次郎
東京市麴町區大手町二丁目三番地

印刷所　松華堂印刷部
東京市神田區錦町一ノ一四

發行所　警察講習所學友會
東京市麴町區大手町

賣捌所　松華堂
東京市神田區錦町一ノ十四

〔松華堂刊行圖書の一部〕

- 大審院判事 中島弘道著 日本民事訴訟法
  - 同上分册 第一卷 再版 菊版五〇〇頁 定價三圓五十錢
  - 同上分册 第二卷 再版 菊判六〇〇頁 定價金四圓
  - 日本民事訴訟法（下卷） 再版 菊判八〇〇頁 定價五圓五十錢
- 控訴院判事 前野順一著 新民事訴訟手續 三版 菊判六五〇頁 定價五圓
  - 同上分册 第三卷 再版 菊判五〇〇頁 定價三圓五十錢
  - 同上分册 第四卷 再版 菊判三〇〇頁 定價二圓
- 控訴院判事 前野順一著 新民事訴訟强制執行手續 三版 菊判一一〇〇頁 定價五圓九十錢
- 大審院判事 矢部克己著 手形法及小切手法第一編 手形法 再版 菊判四五〇頁 定價三圓
- 大審院判事 矢部克己著 手形法及小切手法第二編 小切手法 新刊 菊判二〇〇頁 定價一圓五十錢
- 大審院判事 矢部克己著 手形法及小切手法（合本） 再版 菊判六五〇頁 定價四圓五十錢
- 大審院檢事 樫田忠美著 搜査事務提要 新刊 菊判三七〇頁 定價二圓
- 大審院檢事 樫田忠美著 刑事演習 新刊 菊判三三〇頁 定價二圓
- 法學博士 森山武市郎著 物權法講義（上卷） 四版 菊判一七〇頁 定價一圓三十錢

〔松華堂刊行圖書の一部〕

法學博士 森山武市郎著	債權法撮要（總論）	再版	菊判三〇〇頁	定價二圓
法學博士 森山武市郎編	學理的分類 判例物權法	再版	菊判四七〇頁	定價三圓
法學博士 森山武市郎編	學理的分類 判例債權法（總論）	再版	菊判六〇〇頁	定價三圓五十錢
法學博士 森山武市郎編	學理的分類 判例債權法（各論）	新刊	菊判一三〇〇頁	定價六圓五十錢
司法書記官 大竹武七郎著	刑法綱要（總論各論）	三版	菊判六七〇頁	定價三圓八十錢
判事 坂本英雄著	判例刑事訴訟記錄	新刊	菊判五七〇頁	定價三圓
內務事務官 小川喜一著	行政法論綱（全）	再版	菊判六五〇頁	定價三圓三十錢
東大教授 醫學博士 三田定則著	增訂法醫學大意	六版	菊判三二〇頁	定價三圓
判事 坂本英雄著	刑事訴訟法學論	新刊	菊判五〇〇頁	定價三圓
京大教授 法學博士 宮本英脩著	刑事訴訟法大綱	再版	菊判六〇〇頁	定價四圓

警察の根本問題　　別巻 1423

2024(令和６)年９月20日　　復刻版第１刷発行

著　者　松　井　　茂
発行者　今　井　　貴
発行所　信　山　社　出　版
〒113-0033　東京都文京区本郷６－２－９－102
モンテベルデ第２東大正門前
電　話　03（3818）1019
ＦＡＸ　03（3818）0344
郵便振替 00140-2-367777(信山社販売)

Printed in Japan.

制作／(株)信山社，印刷・製本／松澤印刷・日進堂

ISBN 978-4-7972-4436-6 C3332

別巻　巻数順一覧【1349～1530巻】※網掛け巻数は、2021年11月以降刊行

巻数	書　名	編・著・訳者　等	ISBN	定　価	本体価格
1349	國際公法	W・E・ホール、北條元篤、熊谷直太	978-4-7972-8953-4	41,800円	38,000円
1350	民法代理論 完	石尾一郎助	978-4-7972-8954-1	46,200円	42,000円
1351	民法總則編物權編債權編實用詳解	清浦奎吾、梅謙次郎、自治館編輯局	978-4-7972-8955-8	93,500円	85,000円
1352	民法親族編相續編實用詳解	細川潤次郎、梅謙次郎、自治館編輯局	978-4-7972-8956-5	60,500円	55,000円
1353	登記法實用全書	前田孝階、自治館編輯局(新井正三郎)	978-4-7972-8958-9	60,500円	55,000円
1354	民事訴訟法精義	東久世通禧、自治館編輯局	978-4-7972-8959-6	59,400円	54,000円
1355	民事訴訟法釋義	梶原仲治	978-4-7972-8960-2	41,800円	38,000円
1356	人事訴訟手續法	大森洪太	978-4-7972-8961-9	40,700円	37,000円
1357	法學通論	牧兒馬太郎	978-4-7972-8962-6	33,000円	30,000円
1358	刑法原理	城數馬	978-4-7972-8963-3	63,800円	58,000円
1359	行政法講義・佛國裁判所構成大要・日本古代法 完	パテルノストロ、曲木如長、坪谷善四郎	978-4-7972-8964-0	36,300円	33,000円
1360	民事訴訟法講義〔第一分冊〕	本多康直、今村信行、深野達	978-4-7972-8965-7	46,200円	42,000円
1361	民事訴訟法講義〔第二分冊〕	本多康直、今村信行、深野達	978-4-7972-8966-4	61,600円	56,000円
1362	民事訴訟法講義〔第三分冊〕	本多康直、今村信行、深野達	978-4-7972-8967-1	36,300円	33,000円
1505	地方財政及税制の改革〔昭和12年初版〕	三好重夫	978-4-7972-7705-0	62,700円	57,000円
1506	改正 市制町村制〔昭和13年第7版〕	法曹閣	978-4-7972-7706-7	30,800円	28,000円
1507	市制町村制 及 関係法令〔昭和13年第5版〕	市町村雑誌社	978-4-7972-7707-4	40,700円	37,000円
1508	東京府市区町村便覧〔昭和14年初版〕	東京地方改良協会	978-4-7972-7708-1	26,400円	24,000円
1509	改正 市制町村制 附 施行細則・執務條規〔明治44年第4版〕	矢島誠進堂	978-4-7972-7709-8	33,000円	30,000円
1510	地方財政改革問題〔昭和14年初版〕	高砂恒三郎、山根守道	978-4-7972-7710-4	46,200円	42,000円
1511	市町村事務必携〔昭和4年再版〕第1分冊	大塚辰治	978-4-7972-7711-1	66,000円	60,000円
1512	市町村事務必携〔昭和4年再版〕第2分冊	大塚辰治	978-4-7972-7712-8	81,400円	74,000円
1513	市制町村制逐条示解〔昭和11年第64版〕第1分冊	五十嵐鑛三郎、松本角太郎、中村淑人	978-4-7972-7713-5	74,800円	68,000円
1514	市制町村制逐条示解〔昭和11年第64版〕第2分冊	五十嵐鑛三郎、松本角太郎、中村淑人	978-4-7972-7714-2	74,800円	68,000円
1515	新旧対照 市制町村制 及 理由〔明治44年初版〕	平田東助、荒川五郎	978-4-7972-7715-9	30,800円	28,000円
1516	地方制度講話〔昭和5年再版〕	安井英二	978-4-7972-7716-6	33,000円	30,000円
1517	郡制注釈 完〔明治30年再版〕	岩田徳義	978-4-7972-7717-3	23,100円	21,000円
1518	改正 府県制郡制講義〔明治32年初版〕	樋山廣業	978-4-7972-7718-0	30,800円	28,000円
1519	改正 府県制郡制〔大正4年 訂正21版〕	山野金蔵	978-4-7972-7719-7	24,200円	22,000円
1520	改正 地方制度法典〔大正12第13版〕	自治研究会	978-4-7972-7720-3	52,800円	48,000円
1521	改正 市制町村制 及 附属法令〔大正2年第6版〕	市町村雑誌社	978-4-7972-7721-0	33,000円	30,000円
1522	実例判例 市制町村制釈義〔昭和9年改訂13版〕	梶康郎	978-4-7972-7722-7	52,800円	48,000円
1523	訂正 市制町村制 附 理由書〔明治33年第3版〕	明昇堂	978-4-7972-7723-4	30,800円	28,000円
1524	逐条解釈 改正 市町村財務規程〔昭和8年第9版〕	大塚辰治	978-4-7972-7724-1	59,400円	54,000円
1525	市制町村制 附 理由書〔明治21年初版〕	狩谷茂太郎	978-4-7972-7725-8	22,000円	20,000円
1526	改正 市制町村制〔大正10年第10版〕	井上圓三	978-4-7972-7726-5	24,200円	22,000円
1527	正文 市制町村制 並 選挙法規 附 陪審法〔昭和2年初版〕	法曹閣	978-4-7972-7727-2	30,800円	28,000円
1528	再版増訂 市制町村制註釈 附 市制町村制理由[明治21年増補再版]	坪谷善四郎	978-4-7972-7728-9	44,000円	40,000円
1529	五版 市町村制例規〔明治36年第5版〕	野元友三郎	978-4-7972-7729-6	30,800円	28,000円
1530	全国市町村便覧 附 全国学校名簿〔昭和10年初版〕第1分冊	藤谷崇文館	978-4-7972-7730-2	74,800円	68,000円

別巻　巻数順一覧【1309～1348巻】※網掛け巻数は、2021年11月以降刊行

巻数	書　名	編・著・訳者 等	ISBN	定　価	本体価格
1309	監獄學	谷野格	978-4-7972-7459-2	38,500円	35,000円
1310	警察學	宮國忠吉	978-4-7972-7460-8	38,500円	35,000円
1311	司法警察論	高井賢三	978-4-7972-7461-5	56,100円	51,000円
1312	増訂不動産登記法正解	三宅徳業	978-4-7972-7462-2	132,000円	120,000円
1313	現行不動産登記法要義	松本修平	978-4-7972-7463-9	44,000円	40,000円
1314	改正民事訴訟法要義 全〔第一分冊〕	早川彌三郎	978-4-7972-7464-6	56,100円	51,000円
1315	改正民事訴訟法要義 全〔第二分冊〕	早川彌三郎	978-4-7972-7465-3	77,000円	70,000円
1316	改正強制執行法要義	早川彌三郎	978-4-7972-7467-7	41,800円	38,000円
1317	非訟事件手續法	横田五郎、三宅徳業	978-4-7972-7468-4	49,500円	45,000円
1318	旧制對照改正官制全書	博文館編輯局	978-4-7972-7469-1	85,800円	78,000円
1319	日本政体史 完	秦政治郎	978-4-7972-7470-7	35,200円	32,000円
1320	萬國現行憲法比較	辰巳小二郎	978-4-7972-7471-4	33,000円	30,000円
1321	憲法要義 全	入江魁	978-4-7972-7472-1	37,400円	34,000円
1322	英國衆議院先例類集 巻之一・巻之二	ハッセル	978-4-7972-7473-8	71,500円	65,000円
1323	英國衆議院先例類集 巻之三	ハッセル	978-4-7972-7474-5	55,000円	50,000円
1324	會計法精義　全	三輪一夫、松岡萬次郎、木田川奎彦、石森憲治	978-4-7972-7476-9	77,000円	70,000円
1325	商法汎論	添田敬一郎	978-4-7972-7477-6	41,800円	38,000円
1326	商業登記法 全	新井正三郎	978-4-7972-7478-3	35,200円	32,000円
1327	商業登記法釋義	的場繁次郎	978-4-7972-7479-0	47,300円	43,000円
1328	株式及期米裁判例	繁田保吉	978-4-7972-7480-6	49,500円	45,000円
1329	刑事訴訟法論	溝淵孝雄	978-4-7972-7481-3	41,800円	38,000円
1330	修正刑事訴訟法義解 全	太田政弘、小濵松次郎、緒方惟一郎、前田兼寶、小田明次	978-4-7972-7482-0	44,000円	40,000円
1331	法律格言・法律格言義解	H・ブルーム、林健、鶴田忞	978-4-7972-7483-7	58,300円	53,000円
1332	法律名家纂論	氏家寅治	978-4-7972-7484-4	35,200円	32,000円
1333	歐米警察見聞録	松井茂	978-4-7972-7485-1	38,500円	35,000円
1334	各國警察制度・各國警察制度沿革史	松井茂	978-4-7972-7486-8	39,600円	36,000円
1335	新舊對照刑法蒐論	岸本辰雄、岡田朝太郎、山口慶一	978-4-7972-7487-5	82,500円	75,000円
1336	新刑法論	松原一雄	978-4-7972-7488-2	51,700円	47,000円
1337	日本刑法實用 完	千阪彦四郎、尾崎忠治、簑作麟祥、西周、宮城浩藏、菅生初雄	978-4-7972-7489-9	57,200円	52,000円
1338	刑法實用詳解〔第一分冊〕	西園寺公望、松田正久、自治館編輯局	978-4-7972-7490-5	56,100円	51,000円
1339	刑法實用詳解〔第二分冊〕	西園寺公望、松田正久、自治館編輯局	978-4-7972-7491-2	62,700円	57,000円
1340	日本商事會社法要論	堤定次郎	978-4-7972-7493-6	61,600円	56,000円
1341	手形法要論	山縣有朋、堤定次郎	978-4-7972-7494-3	42,900円	39,000円
1342	約束手形法義解 全	梅謙次郎、加古貞太郎	978-4-7972-7495-0	34,100円	31,000円
1343	戸籍法 全	島田鐵吉	978-4-7972-7496-7	41,800円	38,000円
1344	戸籍辭典	石渡敏一、自治館編輯局	978-4-7972-7497-4	66,000円	60,000円
1345	戸籍法實用大全	勝海舟、梅謙次郎、自治舘編輯局	978-4-7972-7498-1	45,100円	41,000円
1346	戸籍法詳解〔第一分冊〕	大隈重信、自治館編輯局	978-4-7972-7499-8	62,700円	57,000円
1347	戸籍法詳解〔第二分冊〕	大隈重信、自治館編輯局	978-4-7972-8950-3	96,800円	88,000円
1348	戸籍法釋義 完	板垣不二男、岡村司	978-4-7972-8952-7	80,300円	73,000円

別巻　巻数順一覧【1265 ～ 1308 巻】

巻数	書　名	編・著・訳者 等	ISBN	定　価	本体価格
1265	行政裁判法論	小林魁郎	978-4-7972-7386-1	41,800 円	38,000 円
1266	奎堂餘唾	清浦奎吾、和田鍊太、平野貞次郎	978-4-7972-7387-8	36,300 円	33,000 円
1267	公證人規則述義 全	箕作麟祥、小松濟治、岸本辰雄、大野太衛	978-4-7972-7388-5	39,600 円	36,000 円
1268	登記法公證人規則詳解 全・大日本登記法公證人規則註解 全	鶴田皓、今村長善、中野省吾、奧山政敬、河原田新	978-4-7972-7389-2	44,000 円	40,000 円
1269	現行警察法規 全	内務省警保局	978-4-7972-7390-8	55,000 円	50,000 円
1270	警察法規研究	有光金兵衛	978-4-7972-7391-5	33,000 円	30,000 円
1271	日本帝國憲法論	田中次郎	978-4-7972-7392-2	44,000 円	40,000 円
1272	國家哲論	松本重敏	978-4-7972-7393-9	49,500 円	45,000 円
1273	農業倉庫業法制定理由・小作調停法原義	法律新聞社	978-4-7972-7394-6	52,800 円	48,000 円
1274	改正刑事訴訟法精義〔第一分冊〕	法律新聞社	978-4-7972-7395-3	77,000 円	70,000 円
1275	改正刑事訴訟法精義〔第二分冊〕	法律新聞社	978-4-7972-7396-0	71,500 円	65,000 円
1276	刑法論	島田鐵吉、宮城長五郎	978-4-7972-7398-4	38,500 円	35,000 円
1277	特別民事訴訟論	松岡義正	978-4-7972-7399-1	55,000 円	50,000 円
1278	民事訴訟法釋義 上巻	樋山廣業	978-4-7972-7400-4	55,000 円	50,000 円
1279	民事訴訟法釋義 下巻	樋山廣業	978-4-7972-7401-1	50,600 円	46,000 円
1280	商法研究 完	猪股淇清	978-4-7972-7403-5	66,000 円	60,000 円
1281	新會社法講義	猪股淇清	978-4-7972-7404-2	60,500 円	55,000 円
1282	商法原理 完	神崎東藏	978-4-7972-7405-9	55,000 円	50,000 円
1283	實用行政法	佐々野章邦	978-4-7972-7406-6	50,600 円	46,000 円
1284	行政法汎論 全	小原新三	978-4-7972-7407-3	49,500 円	45,000 円
1285	行政法各論 全	小原新三	978-4-7972-7408-0	46,200 円	42,000 円
1286	帝國商法釋義〔第一分冊〕	栗本勇之助	978-4-7972-7409-7	77,000 円	70,000 円
1287	帝國商法釋義〔第二分冊〕	栗本勇之助	978-4-7972-7410-3	79,200 円	72,000 円
1288	改正日本商法講義	樋山廣業	978-4-7972-7412-7	94,600 円	86,000 円
1289	海損法	秋野沆	978-4-7972-7413-4	35,200 円	32,000 円
1290	舩舶論 全	赤松梅吉	978-4-7972-7414-1	38,500 円	35,000 円
1291	法理學 完	石原健三	978-4-7972-7415-8	49,500 円	45,000 円
1292	民約論 全	J・J・ルソー、市村光恵、森口繁治	978-4-7972-7416-5	44,000 円	40,000 円
1293	日本警察法汎論	小原新三	978-4-7972-7417-2	35,200 円	32,000 円
1294	衞生行政法釈釋義 全	小原新三	978-4-7972-7418-9	82,500 円	75,000 円
1295	訴訟法原理 完	平島及平	978-4-7972-7443-1	50,600 円	46,000 円
1296	民事手続規準	山内確三郎、高橋一郎	978-4-7972-7444-8	101,200 円	92,000 円
1297	國際私法 完	伊藤悌治	978-4-7972-7445-5	38,500 円	35,000 円
1298	新舊比照 刑事訴訟法釋義 上巻	樋山廣業	978-4-7972-7446-2	33,000 円	30,000 円
1299	新舊比照 刑事訴訟法釋義 下巻	樋山廣業	978-4-7972-7447-9	33,000 円	30,000 円
1300	刑事訴訟法原理 完	上條慎藏	978-4-7972-7449-3	52,800 円	48,000 円
1301	國際公法 完	石川錦一郎	978-4-7972-7450-9	47,300 円	43,000 円
1302	國際私法	中村太郎	978-4-7972-7451-6	38,500 円	35,000 円
1303	登記法公證人規則註釋 完・登記法公證人規則交涉令達註釋 完	元田肇、澁谷慥爾、渡邊覺二郎	978-4-7972-7452-3	33,000 円	30,000 円
1304	登記提要 上編	木下哲三郎、伊東忍、緩鹿實彰	978-4-7972-7453-0	50,600 円	46,000 円
1305	登記提要 下編	木下哲三郎、伊東忍、緩鹿實彰	978-4-7972-7454-7	38,500 円	35,000 円
1306	日本會計法要論 完・選擧原理 完	阪谷芳郎、亀井英三郎	978-4-7972-7456-1	52,800 円	48,000 円
1307	國法學 完・憲法原理 完・主權論 完	橋爪金三郎、谷口留三郎、高槻純之助	978-4-7972-7457-8	60,500 円	55,000 円
1308	圀家學	南弘	978-4-7972-7458-5	38,500 円	35,000 円

巻数	書　名	編・著・訳者　等	ISBN	定　価	本体価格
1225	獄制研究資料　第一輯	谷田三郎	978-4-7972-7343-4	44,000 円	40,000 円
1226	歐米感化法		978-4-7972-7344-1	44,000 円	40,000 円
1227	改正商法實用 完　附 商業登記申請手續〔第一分冊 總則・會社〕	清浦奎吾、波多野敬直、梅謙次郎、古川五郎	978-4-7972-7345-8	60,500 円	55,000 円
1228	改正商法實用 完　附 商業登記申請手續〔第二分冊 商行為・手形〕	清浦奎吾、波多野敬直、梅謙次郎、古川五郎	978-4-7972-7346-5	66,000 円	60,000 円
1229	改正商法實用 完　附 商業登記申請手續〔第三分冊 海商・附録〕	清浦奎吾、波多野敬直、梅謙次郎、古川五郎	978-4-7972-7347-2	88,000 円	80,000 円
1230	日本手形法論 完	岸本辰雄、井本常治、町井鐵之介、毛戸勝元	978-4-7972-7349-6	55,000 円	50,000 円
1231	日本英米比較憲法論	川手忠義	978-4-7972-7350-2	38,500 円	35,000 円
1232	比較國法學 全	末岡精一	978-4-7972-7351-9	88,000 円	80,000 円
1233	國家學要論 完	トーマス・ラレー、土岐僙	978-4-7972-7352-6	38,500 円	35,000 円
1234	税關及倉庫論	岸﨑昌	978-4-7972-7353-3	38,500 円	35,000 円
1235	有價證券論	豊田多賀雄	978-4-7972-7354-0	60,500 円	55,000 円
1236	帝國憲法正解 全	建野郷三、水野正香	978-4-7972-7355-7	55,000 円	50,000 円
1237	權利競爭論・権利爭鬪論	イエーリング、レーロア、宇都宮五郎、三村立人	978-4-7972-7356-4	55,000 円	50,000 円
1238	帝國憲政と道義　附 日本官吏任用論 全	大津淳一郎、野口勝一	978-4-7972-7357-1	77,000 円	70,000 円
1239	國體擁護日本憲政本論	寺内正毅、二宮熊次郎、加藤弘之、加藤房藏	978-4-7972-7358-8	44,000 円	40,000 円
1240	國體論史	清原貞雄	978-4-7972-7359-5	52,800 円	48,000 円
1241	商法實論 附 破産法 商法施行法 供託法 競賣法 完	秋山源藏、井上八重吉、中島行藏	978-4-7972-7360-1	77,000 円	70,000 円
1242	判例要旨定義學説試驗問題准條適條對照 改正商法及理由	塚﨑直義	978-4-7972-7361-8	44,000 円	40,000 円
1243	辯護三十年	塚﨑直義	978-4-7972-7362-5	38,500 円	35,000 円
1244	水野博士論集	水野錬太郎	978-4-7972-7363-2	58,300 円	53,000 円
1245	強制執行法論 上巻	遠藤武治	978-4-7972-7364-9	44,000 円	40,000 円
1246	公証人法論綱	長谷川平次郎	978-4-7972-7365-6	71,500 円	65,000 円
1247	改正大日本六法類編 行政法上巻〔第一分冊〕	磯部四郎、矢代操、島巨邦	978-4-7972-7366-3	55,000 円	50,000 円
1248	改正大日本六法類編 行政法上巻〔第二分冊〕	磯部四郎、矢代操、島巨邦	978-4-7972-7367-0	68,200 円	62,000 円
1249	改正大日本六法類編 行政法上巻〔第三分冊〕	磯部四郎、矢代操、島巨邦	978-4-7972-7368-7	55,000 円	50,000 円
1250	改正大日本六法類編 行政法下巻〔第一分冊〕	磯部四郎、矢代操、島巨邦	978-4-7972-7369-4	66,000 円	60,000 円
1251	改正大日本六法類編 行政法下巻〔第二分冊〕	磯部四郎、矢代操、島巨邦	978-4-7972-7370-0	57,200 円	52,000 円
1252	改正大日本六法類編 行政法下巻〔第三分冊〕	磯部四郎、矢代操、島巨邦	978-4-7972-7371-7	60,500 円	55,000 円
1253	改正大日本六法類編 民法・商法・訴訟法	磯部四郎、矢代操、島巨邦	978-4-7972-7372-4	93,500 円	85,000 円
1254	改正大日本六法類編 刑法・治罪法	磯部四郎、矢代操、島巨邦	978-4-7972-7373-1	71,500 円	65,000 円
1255	刑事訴訟法案理由書〔大正十一年〕	法曹會	978-4-7972-7375-5	44,000 円	40,000 円
1256	刑法及刑事訴訟法精義	磯部四郎、竹内房治、尾山萬次郎	978-4-7972-7376-2	91,300 円	83,000 円
1257	未成年犯罪者ノ處遇 完	小河滋次郎	978-4-7972-7377-9	33,000 円	30,000 円
1258	増訂普通選挙法釋義〔第一分冊〕	濱口雄幸、江木翼、三宅正太郎、石原雅二郎、坂千秋	978-4-7972-7378-6	55,000 円	50,000 円
1259	増訂普通選挙法釋義〔第二分冊〕	濱口雄幸、江木翼、三宅正太郎、石原雅二郎、坂千秋	978-4-7972-7379-3	60,500 円	55,000 円
1260	會計法要義 全	山崎位	978-4-7972-7381-6	55,000 円	50,000 円
1261	會計法語彙	大石興	978-4-7972-7382-3	68,200 円	62,000 円
1262	實用憲法	佐々野章邦	978-4-7972-7383-0	33,000 円	30,000 円
1263	訂正増補日本行政法講義	坂千秋	978-4-7972-7384-7	64,900 円	59,000 円
1264	増訂臺灣行政法論	大島久滿次、持地六三郎、佐々木忠藏、髙橋武一郎	978-4-7972-7385-4	55,000 円	50,000 円

別巻　巻数順一覧【1185 ～ 1224 巻】

巻数	書名	編・著・訳者 等	ISBN	定価	本体価格
1185	改正衆議院議員選擧法正解	柳川勝二、小中公毅、潮道佐	978-4-7972-7300-7	71,500 円	65,000 円
1186	大審院判決例大審院検事局司法省質疑回答 衆議院議員選擧罰則 附 選擧訴訟、當選訴訟判決例	司法省刑事局	978-4-7972-7301-4	55,000 円	50,000 円
1187	最近選擧事犯判決集 附 衆議院議員選擧法、同法施行令選擧運動ノ爲ニスル文書圖畫ニ關スル件	日本檢察學會	978-4-7972-7302-1	35,200 円	32,000 円
1188	民法問答全集 完	松本慶次郎、村瀬甲子吉	978-4-7972-7303-8	77,000 円	70,000 円
1189	民法評釋 親族編相續編	近衛篤麿、富田鐵之助、山田喜之助、加藤弘之、神鞭知常、小林里平	978-4-7972-7304-5	39,600 円	36,000 円
1190	國際私法	福原鐐二郎、平岡定太郎	978-4-7972-7305-2	60,500 円	55,000 円
1191	共同海損法	甲野荘平、リチャード・ローンデス	978-4-7972-7306-9	77,000 円	70,000 円
1192	海上保険法	秋野沆	978-4-7972-7307-6	38,500 円	35,000 円
1193	運送法	菅原大太郎	978-4-7972-7308-3	39,600 円	36,000 円
1194	倉庫證券論	フォン・コスタネッキー、住友倉庫本店、草鹿丁卯次郎	978-4-7972-7309-0	38,500 円	35,000 円
1195	大日本海上法規	遠藤可一	978-4-7972-7310-6	55,000 円	50,000 円
1196	米國海上法要略 全	ジクゾン、秋山源蔵、北畠秀雄	978-4-7972-7311-3	38,500 円	35,000 円
1197	國際私法要論	アッセル、リヴィエー、入江良之	978-4-7972-7312-0	44,000 円	40,000 円
1198	國際私法論 上巻	跡部定次郎	978-4-7972-7313-7	66,000 円	60,000 円
1199	國法學要義 完	小原新三	978-4-7972-7314-4	38,500 円	35,000 円
1200	平民政治 上巻〔第一分冊〕	ゼームス・ブライス、人見一太郎	978-4-7972-7315-1	88,000 円	80,000 円
1201	平民政治 上巻〔第二分冊〕	ゼームス・ブライス、人見一太郎	978-4-7972-7316-8	79,200 円	72,000 円
1202	平民政治 下巻〔第一分冊〕	ゼームス・ブライス、人見一太郎	978-4-7972-7317-5	88,000 円	80,000 円
1203	平民政治 下巻〔第二分冊〕	ゼームス・ブライス、人見一太郎	978-4-7972-7318-2	88,000 円	80,000 円
1204	國法學	岸崎昌、中村孝	978-4-7972-7320-5	38,500 円	35,000 円
1205	朝鮮行政法要論 總論	永野清、田口春二郎	978-4-7972-7321-2	39,600 円	36,000 円
1206	朝鮮行政法要論 各論	永野清、田口春二郎	978-4-7972-7322-9	44,000 円	40,000 円
1207	註釋刑事記録	潮道佐	978-4-7972-7324-3	57,200 円	52,000 円
1208	刑事訴訟法陪審法刑事補償法先例大鑑	潮道佐	978-4-7972-7325-0	61,600 円	56,000 円
1209	法理學	丸山長渡	978-4-7972-7326-7	39,600 円	36,000 円
1210	法理學講義 全	江木衷、和田經重、奥山十平、宮城政明、粟生誠太郎	978-4-7972-7327-4	74,800 円	68,000 円
1211	司法省訓令回答類纂 全	日下部りゅう	978-4-7972-7328-1	88,000 円	80,000 円
1212	改正商法義解 完	遠藤武治、横塚泰助	978-4-7972-7329-8	88,000 円	80,000 円
1213	改正新會社法釋義 附 新舊對照條文	美濃部俊明	978-4-7972-7330-4	55,000 円	50,000 円
1214	改正商法釋義 完	日本法律學校内法政學會	978-4-7972-7331-1	77,000 円	70,000 円
1215	日本國際私法	佐々野章邦	978-4-7972-7332-8	33,000 円	30,000 円
1216	國際私法	遠藤登喜夫	978-4-7972-7333-5	44,000 円	40,000 円
1217	國際私法及國際刑法論	L・フォン・バール、宮田四八	978-4-7972-7334-2	50,600 円	46,000 円
1218	民法問答講義	吉野寛	978-4-7972-7335-9	88,000 円	80,000 円
1219	民法財産取得編人事編註釋 附法例及諸法律	柿嵜欽吾、山田正賢	978-4-7972-7336-6	44,000 円	40,000 円
1220	改正日本民法問答正解　総則編物權編債權編	柿嵜欽吾、山田正賢	978-4-7972-7337-3	44,000 円	40,000 円
1221	改正日本民法問答正解　親族編相續編　附民法施行法問答正解	柿嵜欽吾、山田正賢	978-4-7972-7338-0	44,000 円	40,000 円
1222	會計法釋義	北島兼弘、石渡傳藏、德山銓一郎	978-4-7972-7340-3	41,800 円	38,000 円
1223	會計法辯義	若槻禮次郎、市來乙彦、松本重威、稲葉敏	978-4-7972-7341-0	77,000 円	70,000 円
1224	相續税法義解	會禰荒助、若槻禮次郎、菅原通敬、稲葉敏	978-4-7972-7342-7	49,500 円	45,000 円

別巻　巻数順一覧【1147 ～ 1184 巻】

巻数	書　名	編・著・訳者　等	ISBN	定　価	本体価格
1147	各國の政黨〔第一分冊〕	外務省欧米局	978-4-7972-7256-7	77,000 円	70,000 円
1148	各國の政黨〔第二分冊〕・各國の政黨 追録	外務省欧米局	978-4-7972-7257-4	66,000 円	60,000 円
1149	獨逸法	宮内國太郎	978-4-7972-7259-8	38,500 円	35,000 円
1150	支那法制史	淺井虎夫	978-4-7972-7260-4	49,500 円	45,000 円
1151	日本法制史	三浦菊太郎	978-4-7972-7261-1	44,000 円	40,000 円
1152	新刑法要説	彦阪秀	978-4-7972-7262-8	74,800 円	68,000 円
1153	改正新民法註釋 總則編・物權編	池田虎雄、岩崎通武、川原閑舟、池田撝卿	978-4-7972-7263-5	66,000 円	60,000 円
1154	改正新民法註釋 債權編	池田虎雄、岩崎通武、川原閑舟、池田撝卿	978-4-7972-7264-2	44,000 円	40,000 円
1155	改正新民法註釋 親族編・相續編・施行法	池田虎雄、岩崎通武、川原閑舟、池田撝卿	978-4-7972-7265-9	55,000 円	50,000 円
1156	民法総則編物權編釋義	丸尾昌雄	978-4-7972-7267-3	38,500 円	35,000 円
1157	民法債權編釋義	丸尾昌雄	978-4-7972-7268-0	41,800 円	38,000 円
1158	民法親族編相續編釋義	上田豐	978-4-7972-7269-7	38,500 円	35,000 円
1159	民法五百題	戸水寛人、植松金章、佐藤孝太郎	978-4-7972-7270-3	66,000 円	60,000 円
1160	實用土地建物の法律詳説　附 契約書式 登記手續	宮田四八、大日本新法典講習會	978-4-7972-7271-0	35,200 円	32,000 円
1161	鼇頭伺指令内訓　現行類聚　大日本六法類編　行政法〔第一分冊〕	王乃世履、三島毅、加太邦憲、小松恒	978-4-7972-7272-7	77,000 円	70,000 円
1162	鼇頭伺指令内訓 現行類聚　大日本六法類編　行政法〔第二分冊〕	王乃世履、三島毅、加太邦憲、小松恒	978-4-7972-7273-4	71,500 円	65,000 円
1163	鼇頭伺指令内訓　現行類聚大日本六法類編 民法・商法・訴訟法	玉乃世履、三島毅、加太邦憲、小松恒	978-4-7972-7274-1	66,000 円	60,000 円
1164	鼇頭伺指令内訓　現行類聚大日本六法類編 刑法・治罪法	玉乃世履、三島毅、加太邦憲、小松恒	978-4-7972-7275-8	71,500 円	65,000 円
1165	國家哲學	浮田和民、ウィロビー、ボサンケー	978-4-7972-7277-2	49,500 円	45,000 円
1166	王權論 自第一册至第五册	ロリュー、丸毛直利	978-4-7972-7278-9	55,000 円	50,000 円
1167	民法學説彙纂 總則編〔第一分冊〕	三藤久吉、須藤兵助	978-4-7972-7279-6	44,000 円	40,000 円
1168	民法學説彙纂 總則編〔第二分冊〕	三藤久吉、須藤兵助	978-4-7972-7280-2	66,000 円	60,000 円
1169	民法學説彙纂 物權編〔第一分冊〕	尾崎行雄、松波仁一郎、平沼騏一郎、三藤卓堂	978-4-7972-7281-9	93,500 円	85,000 円
1170	民法學説彙纂 物權編〔第二分冊〕	尾崎行雄、松波仁一郎、平沼騏一郎、三藤卓堂	978-4-7972-7282-6	55,000 円	50,000 円
1171	現行商法實用	平川橘太郎	978-4-7972-7284-0	44,000 円	40,000 円
1172	改正民法講義 總則編 物權編 債權編 親族編 相續編 施行法	細井重久	978-4-7972-7285-7	88,000 円	80,000 円
1173	民事訴訟法提要 全	齋藤孝治、緩鹿實彰	978-4-7972-7286-4	58,300 円	53,000 円
1174	民事問題全集	河村透	978-4-7972-7287-1	44,000 円	40,000 円
1175	舊令参照 罰則全書〔第一分冊〕	西岡逾明、土師經典、笹本栄蔵	978-4-7972-7288-8	66,000 円	60,000 円
1176	舊令参照 罰則全書〔第二分冊〕	西岡逾明、土師經典、笹本栄蔵	978-4-7972-7289-5	66,000 円	60,000 円
1177	司法警察官必携 罰則大全〔第一分冊〕	清浦奎吾、田邊輝實、福田正已	978-4-7972-7291-8	49,500 円	45,000 円
1178	司法警察官必携 罰則大全〔第二分冊〕	清浦奎吾、田邊輝實、福田正已	978-4-7972-7292-5	57,200 円	52,000 円
1179	佛郎西和蘭陀ノテール〔公証人〕規則 合巻	黒川誠一郎、松下直美、ヴェルベツキ、ラッパール、中村健三、杉村虎一	978-4-7972-7294-9	71,500 円	65,000 円
1180	公證人規則釋義・公證人規則釋義 全	箕作麟祥、石川惟安、岸本辰雄、井本常治	978-4-7972-7295-6	39,600 円	36,000 円
1181	犯罪論	甘糟勇雄	978-4-7972-7296-3	55,000 円	50,000 円
1182	改正刑法新論	小河滋次郎、藤澤茂十郎	978-4-7972-7297-0	88,000 円	80,000 円
1183	現行刑法對照改正刑法草案全説明書・改正草案刑法評論	辻泰城、矢野猪之八、關内兵吉、岡田朝太郎、藤澤茂十郎	978-4-7972-7298-7	61,600 円	56,000 円
1184	刑法修正理由 完	南雲庄之助	978-4-7972-7299-4	50,600 円	46,000 円

巻数	書　名	編・著・訳者　等	ISBN	定　価	本体価格
1106	英米佛比較憲法論　全	ブートミー、ダイセイ、岡松參太郎	978-4-7972-7210-9	33,000円	30,000円
1107	日本古代法典(上)	小中村清矩、萩野由之、小中村義象、增田于信	978-4-7972-7211-6	47,300円	43,000円
1108	日本古代法典(下)	小中村清矩、萩野由之、小中村義象、增田于信	978-4-7972-7212-3	71,500円	65,000円
1109	刑政に關する緊急問題	江木衷、鵜澤總明、大場茂馬、原嘉道	978-4-7972-7214-7	39,600円	36,000円
1110	刑事訴訟法詳解	棚橋愛七、上野魁春	978-4-7972-7215-4	88,000円	80,000円
1111	羅馬法 全	渡邉安積	978-4-7972-7216-1	49,500円	45,000円
1112	羅馬法	田中遜	978-4-7972-7217-8	49,500円	45,000円
1113	國定教科書に於ける法制経済	尾﨑行雄、梅謙次郎、澤柳政太郎、島田俊雄、簗轍	978-4-7972-7218-5	71,500円	65,000円
1114	實用問答法學通論	後藤本馬	978-4-7972-7219-2	77,000円	70,000円
1115	法學通論	羽生慶三郎	978-4-7972-7220-8	44,000円	40,000円
1116	試驗須要 六法教科書	日本法律學校内法政學會	978-4-7972-7221-5	77,000円	70,000円
1117	試驗須要 民法商法教科書	日本法律學校内法政學會	978-4-7972-7222-2	77,000円	70,000円
1118	類聚罰則大全〔第一分冊〕	松村正信、伊藤貞亮	978-4-7972-7223-9	60,500円	55,000円
1119	類聚罰則大全〔第二分冊〕	松村正信、伊藤貞亮	978-4-7972-7224-6	55,000円	50,000円
1120	警務實用	髙﨑親章、山下秀實、奥田義人、佐野之信、和田鋹三郎、岸本武雄、長兼備	978-4-7972-7226-0	66,000円	60,000円
1121	民法と社會主義・思想小史 全	岡村司	978-4-7972-7227-7	82,500円	75,000円
1122	親族法講義要領	岡村司	978-4-7972-7228-4	39,600円	36,000円
1123	改正民法正解 上巻・下巻	磯部四郎、林金次郎	978-4-7972-7229-1	55,000円	50,000円
1124	登記法正解	磯部四郎、林金次郎	978-4-7972-7230-7	44,000円	40,000円
1125	改正商法正解	磯部四郎、林金次郎	978-4-7972-7231-4	55,000円	50,000円
1126	新民法詳解 全	村田保、鳩山和夫、研法學會(小島藤八、大熊實三郎、光信壽吉)	978-4-7972-7232-1	88,000円	80,000円
1127	英吉利内閣制度論・議院法改正資料	H・ザフェルコウルス、I・ジェニングス、國政研究會	978-4-7972-7233-8	38,500円	35,000円
1128	第五版警察法規 全〔上篇〕	内務省警保局	978-4-7972-7234-5	55,000円	50,000円
1129	第五版警察法規 全〔下篇〕	内務省警保局	978-4-7972-7235-2	77,000円	70,000円
1130	警務要書 完	内務省警保局	978-4-7972-7237-6	121,000円	110,000円
1131	國家生理學 第一編・第二編	佛郎都、文部省編輯局	978-4-7972-7238-3	77,000円	70,000円
1132	日本刑法博議	林正太郎、水内喜治、平松福三郎、豊田鉦三郎	978-4-7972-7239-0	77,000円	70,000円
1133	刑法新論	北島傳四郎	978-4-7972-7240-6	55,000円	50,000円
1134	刑罰及犯罪豫防論 全	タラック、松尾音次郎	978-4-7972-7241-3	49,500円	45,000円
1135	刑法改正案批評 刑法ノ私法觀	岡松參太郎	978-4-7972-7242-0	39,600円	36,000円
1136	刑法合看 他之法律規則	前田良弼、蜂屋玄一郎	978-4-7972-7243-7	55,000円	50,000円
1137	現行罰則大全〔第一分冊〕	石渡敏一、堤一馬	978-4-7972-7244-4	88,000円	80,000円
1138	現行罰則大全〔第二分冊〕	石渡敏一、堤一馬	978-4-7972-7245-1	66,000円	60,000円
1139	現行民事刑事訴訟手續 完	小笠原美治	978-4-7972-7247-5	38,500円	35,000円
1140	日本訴訟法典 完	名村泰蔵、磯部四郎、黒岩鐵之助、後藤亮之助、脇屋義民、松井誠造	978-4-7972-7248-2	66,000円	60,000円
1141	採證學	ハンス・グロース、設楽勇雄、向軍治	978-4-7972-7249-9	77,000円	70,000円
1142	刑事訴訟法要義 全	山﨑恵純、西垣為吉	978-4-7972-7250-5	44,000円	40,000円
1143	日本監獄法	佐藤信安	978-4-7972-7251-2	38,500円	35,000円
1144	法律格言釋義	大日本新法典講習會	978-4-7972-7252-9	33,000円	30,000円
1145	各國ノ政黨〔第一分冊〕	外務省欧米局	978-4-7972-7253-6	77,000円	70,000円
1146	各國ノ政黨〔第二分冊〕	外務省欧米局	978-4-7972-7254-3	77,000円	70,000円